Kaleidoskop

ein deutsches Lesebuch

Edited and annotated by R. F. Holt

Edward Arnold

© R.F. Holt 1978
First published 1978
by Edward Arnold (Publishers) Ltd
41 Bedford Square, London WC1B 3DQ
and Edward Arnold (Australia) Pty. Ltd.

ISBN 0 7131 0244 6

Set in Century 10 point. IBM by ⴼ\ Tek-Art, Croydon
and printed in Great Britain by Whitstable Litho Ltd,
Whitstable Kent.

Contents

Preface (iv)

I Kindheit
1 Hans Peter Richter: Die Drehorgel 1
2 Erich Kästner: Ein Unfall 4
3 Peter Rosegger: Meine Mutter 6
4 Hermann Hesse: Vater und Mutter 9
5 Gerd Gaiser: Die Welt im Buch 12

II Tiere
6 Ernst Wiechert: Der Kranich 15
7 Albert Schweitzer: Das Gewissen 16
8 Hans Hass: Der rettende Schrei 18
9 Hermann Hesse: Der Wolf 20
10 Thomas Mann: Bauschan 23

III Arbeit
11 Max Frisch: Santa Margherita 27
12 Joseph Roth: Der alte Kellner 28
13 Robert Musil: Der Verkehrsunfall 30
14 Ruth Rehmann: Entlassung 32

IV Krieg
15 Wolfgang Borchert: Die Küchenuhr 35
16 Alfred Döblin: Am Dom zu Naumburg 37
17 Anne Frank: Aus dem Tagebuch 40
18 Marion Gräfin Dönhoff: Flucht aus Ostpreußen 44
19 Günter Grass: Der Ritterkreuzträger 48

V Reisen
20 Heinrich Hauser: Im toten Herzen Australiens 52
21 Rudolf Kirchner: Die Mysterien des Kricket 54
22 Wolfgang Koeppen: Ankunft in New York 56
23 Heinrich Böll: Undines gewaltiger Vater 60

VI Heiteres
24 Wolfgang Hildesheimer: Eine größere Anschaffung 63
25 Kurt Tucholsky: Ratschläge für einen schlechten Redner 65
26 Karl Heinrich Waggerl: Der Schulrat kommt 68
27 Ludwig Thoma: Auf der Elektrischen 70
28 Hermann Kasack: Das Fußballspiel 73

Vocabulary 76

Acknowledgements 90

Preface

The thought behind this reader derives from many years
of practical teaching experience in a variety of situations
and at a number of different levels. Students of German
most often proceed from the fairly arduous business of
learning the grammatical structure of the language, its
basic phonology and a limited vocabulary too abruptly
to the direct studying of literary texts. This abrupt
transition can often have unfortunate results. Frequently
the student scarcely has an opportunity to savour the
natural, relatively uncerebral tones, rhythms and
possibilities of the language. He moves with suddenness
from one technical realm to another: analysis of grammar
and syntax is too rapidly followed by analyses of literary
themes and techniques.

This volume of prose extracts from numerous modern
German writers is intended for an intervening period of
"reading around" in the language. Not that this is in
itself a simple and easy task. But it does seem important
in my experience for the student to make an acquaintance
with the language from its lighter, more natural side: as
a vehicle of people's thoughts, experiences, jokes,
tragedies, beliefs and customs. Of course, these are
written extracts and as such are much more complicated
than the everyday speech of German-speakers. The aim
is thus the development of literary comprehension —
though not in any narrowly critical or aesthetic sense.
Indeed, it is hoped that much simple discussion would
proceed from the reading of these excerpts.

The attempt has thus been made herein to assemble
extracts which are very broad in scope, style and
situation. Though similar aims could surely be achieved
by reading longer individual works, time is often the
essence of the undertaking and "the language in action"
can be experienced with relatively less effort and in a
greater variety of contexts and "registers" by using a
collection such as this one.

It should be pointed out that this book cannot be
termed an anthology. It does not set out to present
representative excerpts from the "greats" of modern
German literature; many such candidates have inevitably
been included, but their particular extracts are not
typical of their finest work. Extracts have been chosen
from a variety of sources: novels, novellas, essays,
autobiographies, short stories, diaries, travellers' tales
and journalism. It is hoped that the selection will be

found interesting and that it will reveal the possibilities of German for imaginative and precise expression, in all sorts of different contexts.

Such an undertaking has naturally been a very subjective one, although it can be stated that students have at least played some part in finalising the selection. A host of excerpts which the editor found personally appealing have consequently and reluctantly been dropped.

The students most likely to find use for such a book would be senior secondary school students, junior tertiary students and others in less formal learning situations, such as those who participate in adult education classes.

A Methodological Note

1. A general, selective vocabulary has been provided at the end of the book, and a number of different expressions and unusual words are annotated in the right margin of each extract.

2. The extracts are divided into six thematic sections. This has been done for two main reasons: first, to give the book some unity based on general areas of experience; and second, to provide some sort of focus or general context for work which might be associated with the main aim of developing reading comprehension ability in an interesting way. In this manner, for example, the study of vocabulary can be more efficient in that the teacher could direct students to specific 'semantic fields' as a prelude to any readings from this book, or conversely he or she might follow up any readings from this book with other materials which have similar content.

   Readers will find too that the extracts vary considerably in both length and degree of difficulty. In each section therefore the extracts appear in order of relative difficulty. Thus the first extract in each of the sections would represent roughly the six easiest excerpts, and so on. Length of extract has, however, not been controlled in the same manner. Certainly some of the longer extracts could have easily been abridged but it was felt that this might detract from the advantage some students might gain by understanding longer connected discourse. Further, it is quite easy for the teacher or student to restrict himself to shorter sections if desired.

3. Each extract is followed by a series of exercises. It is not the editor's intention, however, that the book be

used as a dull work-book and that all exercises must be slavishly written out in great detail. Obviously, the judicious teacher is best able to decide whether exercises need to be used at all in conjunction with any one extract, or whether other self-improvised tests or exercises are perhaps not more appropriate, or whether only certain exercises should be attempted, perhaps in a modified form, and so forth.

The exercises are merely offered as possible aids in consolidating reading comprehension. They have been designed to cover four areas: Comprehension, Vocabulary, Grammatical Transformation and Self-Expression. The first three areas are integral to receptive language ability and are not intended as such to confound comprehension with other skills, such as translation. The fourth area, however, demands some comment. Exercises of this type invite the student to try to para-phrase in his or her own words various expressions or individual concepts, or they go so far as to invite a short composition in German on relatively free themes.

Again, it is not the editor's intention to inflict a gruelling round of meaningless punishments on teachers and students alike. Such writing exercises will naturally only be effective if a sufficient incubation and motivational phase has been achieved. To try to get students to write them "cold" would, of course, be somewhat counter-productive. The rationale behind their inclusion is the simple fact that comprehension always precedes and is integral to production in either first or second language acquisition and such writing exercises are closely related to the content and style of passages in which they occur. If they are used, perhaps even only in an abbreviated oral form, the judicious teacher needs to be aware of ensuring a meaningful audience-outcome and also to consider the danger of overemphasizing grammatical correctness to the detriment of brave attempts at genuine communication.

Finally, special thanks is due to Dr. Erwin Koch-Emmery of Canberra for his helpful suggestions.

BATHURST, 1977.

I Kindheit

1 HANS PETER RICHTER *(Cologne, 1925-*   *) is quite well-known as a writer and critic of children's literature. He resides in Mainz and has won a number of prizes for children's literature. He has also worked on radio programmes for children. This story is from his collection* Das war eine Reise *(Sebaldus Verlag, Nuremberg 1962).*

Die Drehorgel

Es war an einem Mittwoch im Frühjahr. Bis zum Dienstag hatte es geregnet, und wir Kinder aus dem Block waren froh, daß wir wieder draußen spielen konnten. Weil uns der Hof zu eng schien, liefen wir auf die Straße.

Dort tobten wir uns aus. Bei einer Baustelle warfen wir Steine in den Bottich mit gelöschtem Kalk; und beim Bäcker legten wir zwei Bananenschalen, die wir in der Gosse gefunden hatten, genau vor die Tür, denn den Bäcker mochten wir nicht.

der Bottich —e tub, vat

Als wir an einem Nachbarblock vorüberkamen, hörten wir den Mann mit der Drehorgel im Hof spielen. Wir stellten uns in die Einfahrt und schauten eine Weile zu.

die Drehorgel —n barrel organ

Dann kam irgendjemand auf den Gedanken, den alten Mann zu erschrecken.

Niemand dachte sich etwas dabei. Also versteckten wir uns vor der Einfahrt.

sich etwas denken bei to think anything of

Das dritte Lied verklang.

Der Blinde sammelte seine Pfennige.

Es dauerte lange. Endlich kam er.

Einer gab das Zeichen. Und alle schrien gleichzeitig „Buhh!"

Unter der Einfahrt schallte das besonders laut.

Rasch rannten wir um die Ecke.

Zwei Straßen weiter steckten wir bei einem hohen Haus ein abgebrochenes Streichholz in den obersten Klingelknopf. In einer Nische verborgen, beobachteten wir die Tür.

der Klingelknopf ⸚e bell-button

Atemlos, mit rotem Kopf und in Hemdsärmeln, stürzte schließlich ein Mann heraus. Er blickte die Straße hinauf und herab. Dann zog er das Streichholz aus der Klingel und ging schimpfend wieder in das Haus.

Als wir in unseren Hof zurückkamen, bemerkten wir die sonderbare Unruhe. Hier und dort, im ganzen Block wurden Fenster aufgerissen, Frauen schauten kopfschüttelnd zur Kastanie und schlossen das Fenster wieder.

die Kastanie —n chestnut tree

Eine Frau fragte uns, ob wir den Mann mit der Drehorgel nicht gesehen hätten?

Doch, im anderen Block. —

Wo er denn blieb?

Wir kehrten um und suchten den Mann mit der Drehorgel.

Das erste, was wir sahen, war die Drehorgel. Mit zerbrochenem Fahrgestell lag sie hochkant am Straßenrand.

hochkant end up

Neben ihr, den Arm auf den Kasten gestützt, saß am Rinnstein der Blinde. Er weinte.

Wir hatten noch nie einen Blinden weinen sehen.

Rundherum standen Erwachsene. Sie machten hilflose Gesichter.

Manche warfen Geld in den Hut, der auf der Straße lag, dann gingen sie rasch weiter.

Erst wollten wir davonlaufen. Aber niemand schien uns zu bemerken. Also stellten auch wir uns neben die umgestürzte Drehorgel. Das hatten wir nicht gewollt. Wir alle mochten den Mann mit der Drehorgel gern.

Schließlich überredeten zwei von uns den Blinden, mit in unseren Block zu kommen. Sie führten ihn bei den Händen.

Wir anderen nahmen die Drehorgel hoch. Vorsichtig trugen wir sie unter unsere Kastanie.

Als unsere Leute uns mit der Drehorgel und dem Blinden herankommen sahen, versammelten sie sich beim Baum.

Die kleine, dicke Frau brachte sogar ein Kuchenstück und einen Stuhl für den Blinden.

Der Blinde setzte sich nieder. Er erzählte, wie er erschreckt worden sei, wie er im Schreck die Drehorgel losgelassen habe, wie sie auf die Straße gerollt und dort umgestürzt sei. Niemand habe ihm geholfen als **wir**, die Kinder aus dem Block mit der Kastanie.

Während die Erwachsenen über die Flegel schimpften, die einen alten Mann und dazu noch einen Blinden so rücksichtslos erschreckten, untersuchten wir die Drehorgel.

Anscheinend war nur das Fahrgestell zerbrochen. Von diesen Fahrgestellen für Kinderwagen aber gab es bei uns im Block genug. Wir Kinder benutzten sie als Rennwagen. Rasch suchten wir das schönste aus.

der Rennwagen racing car

Doch der Junge, dem es gehörte, wollte es nicht hergeben.

Wir handelten. Zwei andere Fahrgestelle mußten wir ihm schließlich versprechen, ehe er seines herausrückte.

Mit dem neuen Untersatz rollten wir zur Kastanie.

Die Drehorgel paßte. Es fehlten nur vier Riemchen, um sie auf dem Fahrgestell festzuschnallen. Die schnitt uns der Schuster zurecht.

Er hatte sogar die passenden Schnallen dafür.

Nach einer halben Stunde stand und fuhr die Drehorgel wieder.

Zuerst kroch der Blinde auf den Knien und tastete das neue Fahrgestell ab. Dann stellte er sich auf. Er zögerte noch. Dann begann er zu drehen.

Die Drehorgel spielte.

Wir hatten noch nie so andächtig dem Spiel der Drehorgel gelauscht. Sie spielte wie immer ihre drei Lieder, und beim dritten Lied weinte diesmal nicht nur die Frau im Stockwerk über uns.

Aber am Schluß des dritten Liedes fehlten fünf Töne.

Die waren vor anderthalb Stunden noch dagewesen, das wußten wir Kinder.

An diesem Mittwoch wurde der Blinde reicher beschenkt als sonst. Statt der Pfennige bekam er diesmal Fünf- und Zehnpfennigstücke. Und auch wir Kinder taten noch etwas aus unseren Spardosen dazu. Seit diesem Mittwoch holten wir Kinder unseren Blinden ab. Wir geleiteten ihn und paßten auf, daß er nirgends anstieß. Auch das Geld sammelten wir für ihn ein.

Der Blinde hat nie erfahren, von wem er so erschreckt worden war. Doch wir, die wir es getan hatten, wurden jedesmal daran erinnert, wenn er unter unserer Kastanie seine drei Lieder spielte und beim letzten Lied fünf Töne fehlten.

die Spardose —n money-box

I (a) Warum waren die Kinder besonders froh, an diesem Mittwoch draußen spielen zu können?
  (b) Auf welche Art und Weise tobten sich die Kinder aus?
  (c) Welchen Streich spielten sie dem Blinden?
  (d) Was machten sie mit dem Streichholz und welche Wirkung hatte das?
  (e) Wie zeigte sich der Zustand einer „sonderbaren Unruhe" und was war die Ursache davon?
  (f) Warum suchten die Jungen den Blinden wieder auf?
  (g) In welchem Zustand befand er sich, als sie ihn wieder entdeckten?
  (h) Wie reagierten die Vorübergehenden auf den Weinenden?
  (i) Was taten die Jungen, um alles wieder gut zu machen?
  (j) Welchen Schaden hatte die Drehorgel erlitten?
  (k) Wie halfen sie dem Blinden weiterhin?

II (a) Finden Sie eine Stelle im Text, die darauf hinweist, daß die Jungen Mitleid mit dem Blinden hatten.
  (b) Welche Stelle im Text zeigt, daß einige Nachbarn die bösen Streiche der Jungen beobachtet hatten.
  (c) Finden Sie einen Satz, der zeigt, daß die Kinder nach dem Reparieren der Drehorgel tief ergriffen von der Musik waren.
  (d) Finden Sie im Text eine Stelle, die zeigt, daß die Kinder auch viel später nach diesem Ereignis an ihre böse Tat dachten.

III *Schreiben Sie im Imperfekt*
  (a) Der Blinde hat es nie erfahren.

  (b) Niemand hat ihm geholfen.
  (c) Sie hatten den Mann mit der Drehorgel nicht gesehen.
  (d) Bis zum Dienstag hatte es geregnet.
  (e) Wir hatten noch nie einen Blinden weinen sehen.

IV *Schreiben Sie im Perfekt*
  (a) Wir stellten uns in die Einfahrt und schauten eine Weile zu.
  (b) Dann zog er das Streichholz aus der Klingel und ging schimpfend wieder in das Haus.
  (c) Die kleine, dicke Frau brachte sogar ein Kuchenstück.
  (d) Anscheinend war nur das Fahrgestell zerbrochen.
  (e) Wir kehrten um und suchten den Mann mit der Drehorgel.

V *Setzen Sie die richtigen Endungen ein*
  (a) Als wir an ein- Nachbarblock vorüberkam-, hört- wir
    d- Mann mit d- Drehorgel in d- Hof spielen.
  (b) Während d- Erwachsenen über die Flegel schimpft-, die ein- Mann und dazu noch ein- Blind- erschreckt-, untersucht- wir d- Drehorgel.
  (c) Wir hatten noch nie so andächtig d- Spiel d- Drehorgel gelauscht.
  (d) Bei ein- Baustelle warfen wir Steine in d- Bottich mit gelöscht- Kalk; und bei- Bäcker legten wir zwei Bananenschalen, die wir in d- Gosse gefunden hatten, genau vor d- Tür.

VI *Wie heißt das Gegenteil von*
rasch   verborgen   beobachten   nirgends   andächtig
rücksichtslos   am Schluß   sich niedersetzen

2 ERICH KÄSTNER *(Dresden, 1899-1974) is best known as a writer of somewhat cynical, pessimistic stories, novels, poems and political-cabaret scripts. He is also a prolific writer of children's stories. His first attempt at this,* Emil und die Detektive *(1928), was translated into twenty languages, filmed and dramatised. This extract is from his autobiography:* Als ich ein kleiner Junge war *(1957) which deals with the first fifteen years of his life in Dresden.*

Ein Unfall

Ich ging sehr gern zur Schule und habe, in meiner gesamten Schulzeit, keinen Tag gefehlt. Es grenzte an Rekordhascherei. Ich marschierte morgens mit dem Ranzen los, ob ich gesund oder stockheiser war, ob mir die Mandeln wehtaten oder die Zähne, ob ich Bauchschmerzen hatte oder einen Furunkel auf der Sitzfläche. Ich wollte lernen und nicht einen Tag versäumen. Bedenklichere Krankheiten verlegte ich in die Ferien. Ein einziges Mal hätte ich beinahe kapituliert. Daran war ein Unfall schuld, und der kam so zustande:

Ich war, an einem Sonnabend, im Turnverein gewesen, hatte auf dem Heimweg bei der klitzekleinen Frau Stamnitz ein paar Sonntagsblumen besorgt und hörte, als ich den Hausflur betrat, wie ein paar Stockwerke höher die Treppen mit der Wurzelbürste gescheuert wurden. Da ich wußte, daß meine Mutter, laut Hausordnung, am Scheuern war, sprang ich, drei Stufen auf einmal nehmend, treppauf, rief laut und fröhlich: „Mama!" rutschte aus und fiel, noch im Rufen und deshalb mit offenem Mund, aufs Kinn. Die Treppenstufen waren aus Granit. Meine Zunge nicht.

Es war eine gräßliche Geschichte. Ich hatte mir die Zungenränder durchgebissen. Näheres konnte Sanitätsrat Zimmermann, der freundliche Hausarzt mit dem Knebelbart, zunächst nicht sagen, denn die Zunge war dick geschwollen und füllte die Mundhöhle wie ein Kloß. Wie ein teuflisch schmerzender und keineswegs schmackhafter Kloß! Womöglich, sagte Doktor Zimmermann, werde man die Wunden nähen müssen, denn die Zunge sei ein fürs Sprechen, Essen und Trinken unentbehrlicher Muskel. Die Zunge nähen! Meine Eltern und ich fielen fast in Ohnmacht. Und auch der Doktor Zimmermann fühlte sich nicht zum besten. Er kannte mich, seit ich auf der Welt war, und hätte sich die Zunge lieber selber mit Nadel und Faden zusammenflicken lassen als mir. Zunächst verordnete er Bettruhe und Kamillentee. Es wurde keine erfreulich Nacht. Kaum zehn Tropfen Kamillentee hatten im Munde Platz. Schluckbewegungen waren unmöglich. Von Schlaf konnte nicht die Rede sein. Daran änderte sich auch am Sonntag nichts.

Aber am Montagmorgen ging ich, mit wackligen Knien und gegen den Willen der Eltern und des Arztes, in die Schule! Niemand hätte mich aufhalten können. Meine

---

Rekordhascherei straining, striving for records
losmarschieren to march, set off (coll.)
stockheiser (**stock** — is a coll. prefix used to accentuate a quality; e.g. **stockblind** = blind as a bat. **heiser** = hoarse)

klitzeklein tiny, teeny

die Wurzelbürste —n bristle-brush

Näheres sagen to elaborate (on something)
Sanitätsrat (title) Member of the Board of Health

der Kamillentee camomile tea

Mutter lief, besorgt und erschöpft, neben mir her, erzählte dem Lehrer, was geschehen sei, bat ihn, auf mich ein Auge zu haben, und verließ, nach einem letzten Blick auf mein verquollenes Gesicht, das völlig verblüffte Klassenzimmer.

Die Heilung dauerte sechs Wochen. Drei Wochen lang lebte ich von Milch, die ich mühsam mit einem Glasröhrchen trank. Drei Wochen ernährte ich mich von Milch mit eingebrocktem Zwieback. In den Frühstückspausen saß ich allein im Klassenzimmer, verzog beim Schlucken das Gesicht und lauschte dem Lärm und dem Lachen, die vom Schulhof heraufdrangen. Während des Unterrichts blieb ich stumm. Manchmal, wenn niemand sonst die Antwort wußte, schrieb ich sie auf einen Zettel und brachte ihn zum Katheder.

Die Zunge mußte nicht genäht werden. Sie schwoll langsam ab. Nach anderthalb Monaten konnte ich wieder essen und sprechen. Zwei Narben blieben, links und rechts, zurück, und ich habe sie heute noch. Sie sind im Laufe der Jahrzehnte kleiner geworden und der Zungenwurzel nähergerückt. Aber verlangt nur nicht, daß ich euch die Narben zeige! Ich strecke meinen Lesern nicht die Zunge heraus.

das Gesicht verziehen to contort one's face

das Katheder teacher's desk

im Laufe (+ Gen.) in the course of (time)

I (a) Welche Umstände sprechen für Kästners Begeisterung für die Schule?
  (b) Welche Begebenheit hielt ihn beinahe davon ab, zur Schule zu gehen?
  (c) Welche Verletzungen erlitt er beim Unfall?
  (d) Wie äußerte sich sein Schuleifer an dem Montagmorgen nach dem Unfall?
  (e) Welche Schwierigkeiten hatte er während der sechswöchigen Heilung?
  (f) Was blieb vom Unfall zurück?

II *Sind die folgenden Aussagen richtig oder falsch?*
  (a) Erst nach etwa drei Monaten konnte er wieder sprechen.
  (b) Doktor Zimmermann mußte die Zunge nähen.
  (c) Als die Eltern die Nachricht vom Unfall hörten, fielen sie in Ohnmacht.
  (d) Der Arzt und die Eltern waren dagegen, daß er gleich am folgenden Montagmorgen in die Schule ging.
  (e) Dr. Zimmermann war ein alter Familienfreund der Kästners.

III *Ersetzen Sie die unterstrichenen Wörter durch Pronomen*
  (a) In *den Frühstückspausen* saß ich allein in *dem Klassenzimmer*.
  (b) Ich strecke *meinen Lesern* nicht *die Zunge* heraus. §
  (c) *Die Treppenstufen* waren aus Granit.
  (d) Ich ging sehr gern in *die Schule*.
  (e) Ich hatte mir *die Zungenränder* durchgebissen. §

IV *Finden Sie einen Satz im Text, der zeigt, daß*
  (a) der Arzt sich bei der Behandlung nicht wohl fühlte.

  (b) sein Schuleifer außerordentlich groß war.
  (c) er in der Nacht nach dem Unfall unruhig blieb.
  (d) sowohl die Eltern als auch der Arzt nicht damit einverstanden waren, daß er sofort zur Schule gehen sollte.

V (a) *Schreiben Sie Substantive, die man aus den folgenden Adjektiven bilden kann: (Fügen Sie die passenden Artikel hinzu!)*
    besorgt   erschöpft   teuflisch   gesund
    mühsam   groß   schmerzend   dick
  (b) *Schreiben Sie Verben, die man aus diesen Substantiven bilden kann*
    der Leser   die Heilung   die Ruhe
    der Schmerz   der Blick   das Lachen

VI *Schreiben Sie im Perfekt*
  (a) Ich wollte lernen.
  (b) Nach anderthalb Monaten konnte ich wieder essen und sprechen.
  (c) Manchmal, wenn niemand sonst die Antwort wußte, schrieb ich sie auf einen Zettel und brachte ihn zum Katheder.
  (d) Meine Eltern und ich fielen fast in Ohnmacht.
  (e) Sie schwoll langsam ab.
  (f) Daran war ein Unfall schuld, und der kam so zustande.

VII *Versuchen Sie folgende Wörter mit Ihren eigenen Worten zu erklären*
  Klassenzimmer   Ranzen   Zettel   erschöpft

§ Reverse the order; Acc. precedes the Dat. case.

3 PETER ROSEGGER *(1843-1918) was born and lived in Styria*
(die Steiermark) in Austria. As the son of a poor mountain
farmer he was first a herdsboy and later a tailor's apprentice,
travelling with his Meister *from farm to farm and experiencing*
much of the life of his people and region at first hand. His great
gift for story-telling is a natural, untutored one and has assured
him a place of honour in that génre referred to as Heimatdichtung,
which depicts the simple rural life of people who work hard and
long and who are bound to nature far more than city dwellers.
The style of such prose often includes dialect and is characterised
by simple reverence and humanity. Probably his best work is the
collection of tales entitled Waldheimat *(1877), and* Jakob der
Letzte *(1888) which deals with the destruction of traditional*
farming due to capitalist farming and industrialisation, a theme
vaguely touched on in the present excerpt. This excerpt is from
his family biography Meine Mutter.

Meine Mutter

Ihr Leben war so eigenartig, ihr Leben war so gut, ihr
Leben hatte eine Dornenkrone.

die Dornenkrone —n crown of thorns

Unser Hof war nicht klein und seiner Tage gut bestellt;
aber meine Mutter spielte nicht die vornehme Bäuerin;
sie war die Hausfrau und die Dienstmagd zugleich.

seiner Tage (genitive) in its day

gut bestellt well-ordered (i.e. the daily work)

Meine Mutter war gelehrt, sie konnte „drucklesen" —
das hatte sie von einem Köhler gelernt. Sie konnte die
biblischen Geschichten auswendig und sie wußte eine
Anzahl von Sagen, Märchen und Liedern — das hatte sie
von ihrer Mutter. Dabei war sie Beistand mit Rat und Tat
und sie verlor in keinem Unglück den Kopf und wußte
immer das Rechte. — „So hat's meine Mutter getan, so
hat's meine Mutter gesagt", meinte sie stets, und das
war ihre Lehre und Nachfolge, selbst als ihre Mutter
schon lange im Kirchgarten ruhte.

drucklesen to read (only) print

mit Rat und Tat beistehen to lend a helping hand

Dir Armen kannten meine Mutter weit und breit;
umsonst klopfte keiner an ihrer Tür, hungrig ging
keiner davon. Wen sie für wahrhaft arm hielt und er bat
um ein Stück Brot, so gab sie ihm einen halben Laib, und
er bat um ein „Gafterl" Mehl, so reichte sie ihm auch ein
Stück Schmalz dazu. Und „Gesegn's Gott!", das sagte
sie immer.

weit und breit near and far

Gafterl (old measurement — e.g. 'cup-full')

gesegn's Gott! may God bless it

„Wo werden wir hinkommen mit unserer Sach', wenn
du alles verschenkst?" sprach mein Vater oft schier
ungehalten. „'leicht gar in den Himmel hinauf",
antwortete sie; „meine Mutter hat oft gesagt: Jedes
Vergeltsgott von den Armen graben die Engel in den
heiligen Thron Gottes ein. Wie werden wir froh sein zu
einer Zeit, wenn wir bei dem lieben Herrgott die Armen
zu Fürbittern haben!"

das Vergeltsgott May God reward you

der Fürbitter intercessor

Wenn zuzeiten die Arbeit schwer war, so hielt meine
Mutter viel auf einen guten Tisch. „Wer lustig arbeitet,
mag auch lustig essen", meinte sie; „meine Mutter hat

6

alleweil gesagt: Wer sich nichts traut anzubringen, der traut sich auch nichts zu gezwingen."

Wer, sich nichts traut anzubringen, der traut sich auch nichts zu gezwingen Nothing ventured, nothing gained. (old form of proverb: **Wer nichts wagt, der nichts gewinnt**)

Mein Vater nahm vorlieb mit schmaler Kost; er fürchtete immer den Ruin des Hauses.

Das waren in der Ehe die einzigen Zwistigkeiten; aber sie griffen nicht tief. Sie äußerten sich nur gegeneinander; wenn der Bauer mit fremden Leuten sprach, so pries er die Mutter; wenn die Mutter mit fremden Leuten sprach, so pries sie den Vater.

In der Kinderzucht waren sie eins. Arbeit und Gebet, Sparsamkeit und Redlichkeit waren unsere Hauptgebote. Von meiner Mutter bekam ich die Rute nur ein einziges Mal. Da stieß ich einmal — wie ich schon gern auf dem Herde saß, wenn meine Mutter kochte — den vollen Suppentopf um, so daß das halbe Feuer gedämpft wurde und ich mir schier die bloßen Füße verbrannt hätte. Meine Mutter war den Augenblick nicht dagewesen, und als sie nun auf das mächtige Gezische herbeieilte, rief ich, feuerrot im Gesichte: „Die Katz', die Katz' hat den Suppentopf umgeworfen." — „Ja, dieselb' Katz' hat zwei Füß' und kann lügen!" versetzte die Mutter und nahm mich und strich mich eine lange Zeit mit der Rute. „Wenn du mir noch einmal lügst", rief sie hernach, „schlag ich dich mit dem Ofengabelstiel!" Ein arges Wort! Aber die Ausführung ist — Gott Dank! — nicht nötig geworden.

Hingegen, wenn ich gut und folgsam war, so wurde ich belohnt. Mein Lohn waren Lieder, die sie mir sang, Märchen, die sie mir erzählte, wenn wir zusammen durch den Wald gingen oder sie abends an meinem Bette saß. Das Beste in mir — ich habe es von ihr. Sie hatte in sich eine ganze Welt von Poesie.

Als nach und nach meine Brüder und Schwestern kamen, hat uns die Mutter alle gleich geliebt, keines bevorzugt. Als hernach zwei in ihrer Kindheit starben, sah ich die Mutter das erstemal weinen. Wir andern weinten mit ihr und weinten fortan immer, sooft wir die Muttertränen sahen, und das war von dieser Zeit an gar oft.

Zwei Jahre lange lag der Vater auf dem Krankenbett. Wir hatten Unglück in Hof und Feld, Hagel und Viehseuchen kamen, unsere Kornmühle brannte nieder.

im verborgenen in secret

Da weinte die Mutter im verborgenen, daß wir Kinder es nicht sehen sollten. Und sie arbeitete unablässig, sie grämte sich und wurde endlich krank. Die Ärzte der ganzen Gegend wurden herbeigezogen; sie konnten nicht helfen.

Jawohl, trotz aller Lustigkeit, die so oft gewesen, wir waren arme Leute geworden. Die Fahrnisse waren alle weg, von dem ganzen Besitztum blieb uns nichts als Steuern.

Nun beschloß mein Vater den verschuldeten Hof so gut wie möglich zu veräußern. Aber die Mutter wollte nicht; sie arbeitete, wenn auch krank, allfort mit Müh' und Fleiß und ließ die Hoffnung nicht sinken. Sie konnte den Gedanken nicht fassen, daß sie fort sollte von ihrer Heimstätte, von dem Geburtshause ihrer Kinder. Sie verleugnete ihre Krankheit, sie sagte, sie sei nie gesünder gewesen als nun und sie wolle arbeiten für drei.

Mit der Wirtschaft war es aber doch entschieden. Haus und Hof wurden veräußert, den Gläubigern überlassen, meine Geschwister verdingten sich an fremde Bauern. Den hilflosen Eltern wurde ein Häuschen angewiesen, das bisher zum Gute gehörte. Mein jüngster Bruder, der noch nicht imstande war, sich das Brot zu erwerben, und eine Schwester blieben bei ihnen und übten Pflege an der armen Mutter. Der Vater ging allweg über die Berge zu den Ärzten und verschrieb ihnen schier sein Leben, wenn sie jenes seiner Gattin retten könnten.

In dem Häuschen sah es armselig aus. Die Kranke duldete still. Ihr Augenlicht wollte sie verlassen, ihr Denkvermögen wollte sich auflösen. Der Tod klopfte in wiederholten Schlaganfällen an ihr Herz. Oft schien sie schwer zu leiden, aber sie schwieg; sie hatte nichts mehr in der Welt — nur nach ihrem Gatten, nur nach ihren Kindern fragte sie. Es war ein jahrelanges Sterben.

Ich habe sie in dieser Zeit oft besucht. Sie erkannte mich kaum, wenn ich an ihrem Bette stand; dann sagte sie doch wieder wie im Traume: „Bist du's, Peterl? Gott sei Lob und Dank, daß du wieder da bist!"

Einsam ist sie gestorben. Selbst ihre Kinder daheim hatten geschlafen in der Sterbenacht. Erst als das Morgenrot durch die Fensterchen leuchtete, ging der Vater zu ihnen in die Kammer und sagte: „Tut die Augen auf und schaut, über den Wechsel steigt schon die Sonne herauf und unsere liebe Frau tut drin sitzen mit dem heiligen Christkindlein und auf dem Schemel zu ihren Füßen sitzt eure Mutter und tut aus einem Rocken das himmlische Kleid spinnen." Da wußten sie's gleich, es war die Mutter gestorben.

„Willst du sie anschauen?" fragte mich die Schwester; dann trat sie an die Bahre und hob langsam das Leintuch. Ich sah meine Mutter; noch auf dem erstarrten Antlitz lag das Heil. Erleichtert und getröstet, als ob ich auf eine weiße Blume blickte, schaute ich die lieben Züge. Das war ja nicht mehr das arme, kranke Weib: das war das von einem Strahle aus längstvergangenen Jugendtagen verklärte Angesicht. Sie lag im Schlummer und war gesund. Sie war wieder jung und milde, sie lächelte ein wenig, wie sie gerne tat, wenn sie auf den kleinen, lustigen Knaben blickte, der sich mit seinem Spielzeug zu ihren Füßen herumtollte. Die dunklen, glänzenden Haare waren ihr sorgsam gewunden und guckten an den Schläfen etwas hervor aus dem braunen Kopftuche — wie sie's immer gern hatte, wenn sie an den Festtagen zur Kirche ging. Die Hände hielt sie gefaltet über der Brust mit dem Rosenkranze und mit dem Wachsstocke. Als wie wenn sie eingeschlummert wäre in der Kirche

---

den Gedanken nicht fassen können not to be able to grasp (the fact, that . . .)

Haus und Hof hearth and home

Peterl the "l" ending is a common Austrian diminutive

der Schemel foot-stool

die Bahre —n coffin, bier

am Pfingstsonntage während des freundenreichen Hochamtes, so lag sie da und noch im Tode tröstete sie ihr Kind.

der Pfingstsonntag Pentecost

I (a) Welche Charaktereigenschaften besaß die Mutter?
(b) Was war öfters der Grund für kleine Zwistigkeiten zwischen den Eltern?
(c) Wie wurden die Kinder erzogen?
(d) Warum und wie wurde der Erzähler einmal von der Mutter bestraft?
(e) Welches Unglück befiel die Geschwister?
(f) Welche weiteren Unglücke geschahen?
(g) Warum mußte der Vater den Hof verkaufen?
(h) Wie ging es der Familie nachher?
(i) Wie hat sich der Verkauf auf die Mutter ausgewirkt?
(j) Was ist seine letzte klare Erinnerung an sie?
(k) Wie ist sie gestorben?
(l) Wie erklärte der Vater den Kindern ihren Tod?
(m) Wie erschien sie dem Erzähler als er sie zum letzten Mal sah?

II (a) *Die Kranke duldete still.* Finden Sie im Text einen Satz, der ihre Geduld beschreibt.
(b) *Die Armen kannten meine Mutter weit und breit.* Finden Sie im Text einen Satz, der erklärt, warum die Armen die Mutter des Erzählers so gut kannten.
(c) *Da weinte die Mutter im verborgenen.* Nennen Sie

vier Gründe, warum sie das tat.

III *Schreiben Sie Adjektive, die man aus den folgenden Wörtern bilden kann*

der Tod	das Leben	das Kind	das Haus
das Märchen	das Unglück	die Mutter	sterben
helfen	der Tag	der Strahl	leuchten

IV *Beginnen Sie mit den Worten in Klammern*
(a) Der Vater ging über die Berge (zu den Ärzten).
(b) Sie hatte in sich (eine ganze Welt von Poesie).
(c) Wenn zuzeiten die Arbeit schwer war, so hielt (meine Mutter) viel auf einen guten Tisch.
(d) Mit der Wirtschaft war (es) aber doch entschieden.
(e) Als zwei in ihrer Kindheit starben, sah (ich) die Mutter das erstemal weinen.

V *Erklären Sie mit Ihren eigenen Worten die Bedeutung folgender Wendungen*
(a) viel auf einen guten Tisch halten
(b) sich das Brot erwerben
(c) imstande sein
(d) im verborgenen
(e) den Gedanken nicht fassen können

---

4 **HERMANN HESSE** *(1877-1962) was born in the little town of Calw in the Black Forest. He emigrated to Switzerland before the First World War, becoming a Swiss citizen and continuing residence there until his death. One of the great themes in his earlier and later writings was disillusionment with the great edifice of Western intellectual life and culture which he felt was essentially in a state of decay and capable of rebirth only through catastrophe. Nihilist tendencies and a certain preoccupation with the 'outsider' have in part led to his popularity in very recent times with Western counter-culture. In a series of novels, stories and poems —* including Peter Camenzind *(1904),* Knulp *(1915)* Klingsors letzter Sommer *(1920),* Der Steppenwolf *(1927) and* Das Glasperlenspiel *(1943) — Hesse established himself as one of the great German stylists and literary giants. In 1946 he received the Nobel Prize for literature. This reminiscence is from his* Gesammelte Dichtungen *(Suhrkamp Verlag, Frankfurt a.M. 1958).*

Vater und Mutter

Unter jenen vereinzelten Silberblicken ist mir ein Spaziergang besonders teuer, da er das früheste Bild meines Vaters enthält. Der saß mit mir auf der von der

der Silberblick ('silver' used as a mood image) precious memory

Sonne durchwärmten Mauerbrüstung des Bergkirchleins **die Mauerbrüstung —en** cornice, balustrade
Sankt Margarethen, zum erstenmal mir von der Höhe
aus die dortige Rheinebene zeigend. Der erste Eindruck
dieser anmutig hellgrünen Landschaft vermischt sich in
meiner Erinnerung mit dem klaren Bilde, das ich später
durch den häufig wiederholten Anblick gewann.
Aber dies älteste Bild von meinem Vater unterscheidet
sich von allen späteren. Sein schwarzer Bart berührte
meine blonde Stirn, und sein großes, helles Auge ruhte
freundlich auf mir. Ich glaube, wieder sein Gesicht so
von der Seite her zu sehen, wenn ich an jene Rast auf
der Mauer denke, mit dem schwarzen Bart und
Haar, mit der starken, edlen Nase und dem festen, roten
Mund, mit den dunklen Locken im Rücken, dabei das
große Auge nach mir gesenkt, der ganze Kopf fest und
würdig auf dem blauen Hintergrund des Sommerhimmels
ruhend.

Demselben Sommer mag ein anderes Bild angehören,
das ohne Zusammenhang, aber erstaunlich klar und treu
mir eingeprägt ist. Ich sehe die ganze hohe, magere
Gestalt meines Vaters aufrecht mit zurückgelegtem Haupt
einer untergehenden Sonne entgegengehen, den Filzhut **der Filzhut ⸚e** felt-hat
in der Linken tragend. An ihn ist meine Mutter sanft im
langsamen Gehen gelehnt, kleiner und kräftiger, mit
einem weißen Tuch auf den Schultern. Zwischen den
kaum noch getrennten, dunklen Häuptern glüht die
blutrote Sonne. Die Umrisse der Gestalten sind fest und
goldleuchtend gezogen; zu beiden Seiten steht ein reiches,
reifes Kornfeld. An welchem Tag ich so hinter meinen
Eltern herwandelte, weiß ich nicht, der Anblick aber ist
mir frisch und unverlöschlich geblieben. Ich weiß kein
lebendiges oder gemaltes Bild, das mir in Linien und
Gestalten auf dem Fußpfad zwischen den Ähren, der
roten Glut entgegen wandelnd, schweigsam, vom
jenseitigen Glanz übergossen. In ungezählten Träumen
und wachen Nächten hing mein Auge an diesem liebsten
Kleinod meiner Erinnerung, dem Vermächtnis einer **das Kleinod —ien** jewel, gem
meiner goldensten Stunden. So ist mir nie wieder eine
Sonne untergegangen hinter Ährenmeeren, so rot,
prächtig, friedsam, so voll Glut und Genüge. Und käme
sie mir wieder, es wäre doch nur ein Abend, wie viele
sind, und ich würde die vermissen, in deren Schatten ich
damals ging, müßte mich abwenden und trauern.

In meinem dritten Schuljahr hatte ich eines Tages
einem armen Handwerker in unserer Straße ein Fenster
eingeworfen. Der Mann lief zu meinem Vater, erzählte
ihm meine, wie er glaubte, absichtlich begangene Tat und
und fügte noch hinzu, daß ich auch außerdem ein
Tunichtgut und Straßentyrann wäre. Als am Abend **der Tunichtgut** good-for-nothing
mein Vater mir dies alles wieder berichtete und auf ein
Geständnis drang, war ich über den Ankläger so empört,
daß ich auch den unbestreitbar geschehenen Fenster-
schuß hartnäckig leugnete. Ich wurde ungewöhnlich
hart gezüchtigt und glaubte nun, vollends meinen Trotz **vollends** completely, finally
nicht brechen lassen zu dürfen. So verhielt ich mich

einige Tage scheu und feindselig, während mein Vater
schwieg und ein Schatten auf dem ganzen Hause lag. In
diesen Tagen war ich unglücklicher als jemals vorher.

Nun mußte mein Vater für eine Woche verreisen. Als ich
an jenem Tag aus der Schule kam, war er schon abgereist
und hatte ein Brieflein für mich dagelassen. Nach Tisch
begab ich mich in die oberste Bodenkammer und öffnete
den Brief. Ein schönes Bild fiel heraus und ein Zettel von
der Hand des Vaters:

„Ich habe Dich für ein Vergehen gestraft, da Du nicht
gestanden hast. Hast Du die Sache dennoch begangen
und mich also angelogen, wie soll ich dann noch mit Dir
reden? Ist's anders, dann habe ich Dich mit Unrecht
geschlagen. In einer Woche, wenn ich wiederkomme,
sollte doch einer von uns dem andern verzeihen können.

Dein Vater.“

Den ganzen Tag lief ich beklommen und erregt mit
dem Zettel in Haus und Garten herum. Dieses Wort von
Mann zu Mann erfüllte mich mit Stolz und Reue und
traf mich im Herzen, wie kein anderes Wort es hätte
können. Am nächsten Morgen kam ich mit dem Blatt
ans Bett meiner Mutter, weinte und fand keine Worte.
Darauf ging ich im Hause umher wie nach einer langen
Abwesenheit, alles war so alt und neu, war mir wieder-
geschenkt und von einem Bann erlöst. Abends saß ich
seit langer Zeit wieder zum erstenmal meiner Mutter zu
Füßen und hörte sie erzählen wie in den Kleinkinder-
jahren. Es kam so süß und mütterlich von ihrem Munde,
aber was sie erzählte, war kein Märchen. Sie sagte mir
von Zeiten, da ich ihr fremd geworden sei, und wie da
ihre Angst und Liebe mich begleitete; sie beschämte
und beglückte mich mit jedem Wort, und dann redeten
wir beide mit Namen der Liebe und Ehrfurcht von
meinem Vater und freuten uns mit Sehnsucht auf seine
Heimkehr.

Der Tag seiner Zurückkunft war zugleich der letzte
Tag vor meinen Sommerferien und vollendete so mein
Glück. Nach einer kurzen Unterredung kam der Vater
mit mir aus seinem Studierzimmer hervor und führte
mich der Mutter zu, indem er sagte: „Hier hast Du
unseren Buben wieder, Mama. Er gehört seit heute
wieder mir.“

„Mir schon seit einer Woche!“ rief sie lächelnd
dagegen, und wir saßen fröhlich zu Tische.

der Bub (e) boy, lad, scamp in Southern
Germany and Austria, an affectionate
name for a son)

I (a) Was war seine erste Erinnerung an den Vater?
(b) Welches war seine liebste Erinnerung an beide
Eltern?
(c) Welche Tat beging er, als er im dritten Schuljahr
war?
(d) Wie hat der Handwerker darauf reagiert?
(e) Warum gestand er sein Verbrechen nicht ein?
(f) Welche Wirkung hatte es im Haus, daß er alles
leugnete?
(g) Was fand er, als der Vater eines Tages verreisen
mußte.
(h) Welche Wirkung hatte diese Entdeckung auf ihn?
(i) Wie hat die Mutter seine Unruhe besänftigt?
(j) Was geschah, als der Vater dann endlich heimkehrte?

Finden Sie eine Stelle im Text, die darauf hinweist, daß
(a) sich ihm einige Jugenderinnerungen sehr klar eingeprägt haben.
(b) einige dieser Erinnerungen ihm sehr lieb und teuer sind.
(c) seine Sommerferien mit einer Versöhnung mit dem Vater endeten.
(d) der Erzähler die väterliche Strafe für ungerecht hielt.
(e) das Bild des Kornfeldes ihm noch schön und klar im Gedächtnis geblieben ist.

III *Ordnen Sie die Synonyme zueinander!*

der Straßentyrann	— erzählen
der Anblick	— der Taugenichts
die Angst	— die Ansicht
wiederkommen	— entrüstet
die Ehrfurcht	— das Gespräch
empört	— der Bullenbeißer
fröhlich	— die Furcht
berichten	— zurückkehren

die Unterredung — der Respekt
der Tunichtgut — heiter

IV *Schreiben Sie die folgenden Sätze im Präsens*
(a) Sein schwarzer Bart berührte meine blonde Stirn.
(b) Der Mann lief zu meinem Vater und erzählte ihm meine, wie er glaubte, absichtlich begangene Tat.
(c) Es kam so süß und mütterlich von ihrem Munde, aber was sie erzählte, war kein Märchen.
(d) Einer von uns sollte doch dem andern verzeihen können.
(e) Ich wurde ungewöhnlich hart gezüchtigt.

V *Schreiben Sie Substantive, die man aus den folgenden Wörtern bilden kann*

dringen	berichten	glauben	sich freuen
dunkel	reich	empört	häufig
fremd	beklommen	reden	öffnen

VI *Beschreiben Sie einen Ihrer Familienangehörigen!*

---

5 GERD GAISER *(1908-   ), a native of Swabia, created with his* Sterbende Jagd *(1953) one of the greatest novels to emerge from the last war. It deals with the last days of a German fighter-plane squadron in Scandinavia, emphasizing the bitterness and torment of conscience of those forced to struggle vainly to the bitter end. His language in this and other famous prose works like* Schlußball *(1958) reveal his enduring interest in painting — his language being very rich in colour and imagery. This occasional piece is from a general anthology edited by H. Pleticka:* Begegnungen mit dem Buch in der Jugend, *(Verlag Ensslin & Baiblin, Reutlingen 1963).*

Die Welt im Buch

Kinderjahre: Zu den Zaubern des Niederwilxinger Pfarrhauses, wohin ich mit den Eltern oft zu Besuch kam, zählte ein Buch. Ich bekam es unverlangt, sobald der Kaffee beendet war, die Erwachsenen sich in ihr Gespräch begaben. Immer war mir darum zu tun, daß ich schnell mit dem Kaffee fertig wurde. Das Buch war groß und für mich nicht leicht zu bewegen; die Pfarrerin rückte mir deshalb ein besonderes Tischchen zurecht. Dort abseits, in der Wärme des Zimmers, die zugleich schläfrig machte und mich aufregte, im fernen Schwirren der Unterhaltung, ergab ich mich dem Buch. Dies war endlich ein Buch, bei dem nicht die übliche Frage getan werden brauchte: Sind Bilder drin? —, denn es bestand fast nur aus Bildern. Bei kaum einem für Erwachsene bestimmten Buch war dies der Fall; nie

immer war mir darum zu tun I was always concerned with/intent on

konnte ich begreifen, daß sich die Erwachsenen ihre
Bücher so langweilig machen ließen.

Dieses Buch namens Orbis Pictus erschien mir als das
schlechthin vollkommene, denn es enthielt alles, was es
gab. Es war darauf angelegt, von allem ein Bild zu geben.
Es begann und zeigte zuerst Luft, Wasser, Erde und
Feuer, die vier Elemente. Das Auge Gottes, durch ein
Dreieck blickend, ruhte darauf. Die Luft machten
Wolken sinnfällig, Regensträhnen fielen aus ihnen, und
Vögel schossen zwischen ihnen hin und her; man sah
einen Regenbogen; aber auch ein Mensch, sanft und
vollbärtig, schwebte in ihr und las ein Buch auf seinen
Knien, indessen über ihm der Ballon flüsterte, der ihn
trug, auch eine gute Flasche zu seiner Hand stand. Tief
unten, auf gekräuselten Wogen tanzten Schiffe, die Segel
von Winden gebläht, doch sah man auch einen Menschen,
einen verunglückten Luftschiffer, halben Leibes im
Wasser treiben und sich festklammern am Fortsatz
seines Ballons, welcher wie ein Wurstzipfel niederhing.
Ein Gießbach trieb nützlich ein Schaufelrad, der Vesuv
stieß Rauch aus. Eine Stadt, sie hieß Pompeji, war von
ihm unter Asche begraben worden; Menschen hoben sie
wieder aus und zogen daraus nützliche Kenntnis.
Wohleingerichtet bewegten Feuer und Wasser die
Dampfmaschine. Die Erde enthielt Kristalle; auch gab
sie Eisen her. In Höhlen wuchsen Tropfsteine, aber oben
im Licht nährte sie dem Mandelbaum und den Granat-
baum (ich kannte beide nur vom Bilde), sie ließ die
Palme sprossen (ein Mond wanderte hinter der Palme),
doch auch das nahrhafte Spitzkraut; man machte es für
den Winter ein. Die Tonne, in welcher Spitzkraut
eingemacht war, aus ihr roch es entsetzlich, wenn der
Deckel gelüftet wurde, allein gekocht hatte das Sauerkraut einen angenehmen und kräftigen Geschmack.
Sodann kamen Menschen auf der Erde vor, weiße,
dunkle sowie auch gänzlich schwarze. Chinesen mit
spitzen Hüten gaben behutsam Wasser an unscheinbare
Sträucher, die Teestrauch hießen. Indianer bewohnten
Zelte, Eskimofrauen trugen kleine Kinder auf dem
Rücken. Man sah Soldaten stürmen; ihnen entgegen
blitzten Feuerschlünde. Allein um solche, die fielen,
nahmen sich Männer an, die eine Binde mit einem
Kreuz am Arm und große Flaschen mit kühlenden
Getränken umgehängt trugen. Auf luftigem Hügel
wohnte der Herr Missionar. Indem er seinen Bart strich,
teilte er sinnend Ermahnungen aus an Schwarze, die ihm
ehrerbietig genaht waren. Solche Eingeborenen hatten
sich weiße Hemden angezogen als Zeichen ihrer Bekehrung. Dafür wurde ein Schwarzer, der böse blieb,
verständlicherweise von einem Unteroffizier gezüchtigt;
gebieterisch die Hand auf dem Knauf seines Degens, sah
ein hoher Vorgesetzter dem zu. Musikinstrumente waren
abgebildet: die Trommel, das Violoncello und viele
andere, deren Namen ich nicht kannte.

So sah ich das Treiben der Welt, und was mich

namens by the name of

schlechthin quite, positively

es war darauf angelegt it aimed at/had as its object

halben Leibes half-way (with half the body out of the water)

wohleingerichtet well-constructed, — organized, — planned

das Spitzkraut white cabbage suitable for Sauerkraut

sich annehmen um to assist someone/go to someone's aid

entzückte, war das Regelrechte darin, das Einleuchtende und vortrefflich Eingeteilte. Alles war am seinem Ort, jeder trieb, was ihm zukam. Weil sie faßlicher war, schien mir die Welt in dem Buch viel richtiger als all das, was ich vor mir und um mich sah. Sann ich aber nach, wie Erblicktes sich wohl in das Buch schicke und wie es darin unterzubringen sei, siehe, so schickte es sich und ließ sich unterbringen und wurde denn auch gehörig und wirklich wahr. Ich sann nach, wo ich selbst und das Niederwilxinger Pfarrhaus und etwa der Vikar Le Bescond unterzubringen wären, und auch dafür fand sich eine Einteilung. Die Welt war faßlich, sie war gut bereitet.

jeder trieb, was ihm zukam each one played his part

gut bereitet well-ordered

I
(a) Wohin ging der Erzähler öfters mit seinen Eltern zu Besuch?
(b) Worauf freute er sich besonders bei solchen Besuchen?
(c) Welche Eigenschaften dieses Gegenstandes waren es, die ihn ergötzten.
(d) Welche Völker wurden in den Bildern gezeigt?
(e) Welchen Eindruck machte der Missionar?
(f) Was fand er so vortrefflich an dem Buch?

II *Suchen Sie Wörter und Ausdrücke im Text, die etwas über seine Lesefreude aussagen.*

III *Finden Sie im Text Sätze, die zeigen daß*
(a) alles systematisch und übersichtlich geordnet war.
(b) das Buch sehr gut illustriert war.
(c) die Bekehrung einiger Naturvölker positiv gewertet wurde.
(d) der Erzähler kein Interesse an den Unterhaltungen der Erwachsenen fand.
(e) das Buch für jugendliche Leser bestimmt war.

IV *Schreiben Sie die folgenden Sätze im Passiv*
(a) Ein Gießbach trieb nützlich ein Schaufelrad.

(b) Die Erde gab Eisen her.
(c) Indianer bewohnten Zelte, Eskimofrauen trugen kleine Kinder auf dem Rücken.
(d) So sah ich das Treiben der Welt.

V *Ordnen Sie die Synonyme zueinander*

erscheinen	— die Welle
schläfrig	— ausgraben
die Woge	— automatisch
der Luftschiffer	— sich überlegen
ausheben	— sorgfältig
unverlangt	— ermüdet
behutsam	— vorkommen
nachsinnen	— der Pilot

VI *Setzen Sie die Richtigen Endungen ein*
(a) Chinesen mit spitz- Hüte- gaben behutsam Wasser an unscheinbar- Sträucher, d- Teestrauch hießen.
(b) Dort abseits, in d- Wärme d- Zimmers, i- fern- Schwirren d- Unterhaltung, ergab ich mich d- Buch.
(c) Zu d- Zaubern d- Duisburg- Pfarrhaus-, wohin ich mit d- Eltern oft zu Besuch kam, zählte ein- Buch.

14

II Tiere

6 ERNST WIECHERT *(1887-1950) was born in East Prussia, the son of a forester. In a series of novels and* Novellen *he established himself as a significant writer with a dominant vein of lyrical, often dream-like qualities. He is not of the first rank in German literature but has established a sound reputation in works like:* Wälder und Menschen *(1936),* Das einfache Leben *(1939),* Märchen *(1947) and* Der Totenwald *(1945), which depicts several months of imprisonment he experienced in the concentration camp Buchenwald. In keeping with his geographical origins the world he describes is close to nature, very individualistic with an air of loneliness about it. Much of his prose treads a thin line at times between lyricism and* Kitsch — *as this excerpt perhaps demonstrates. This excerpt is from:* Wälder und Menschen.

Der Kranich

Ein Waldarbeiter hatte ihn gefangen, am Rande der Moore. Er war kaum höher als meine Hand, als ich ihn bekam, und ebenso groß wie ich, als ich ihn wieder verlor. Er lebte in unserem Garten und auch im Garten Eden konnten Mensch und Tier nicht zärtlicher zueinander gewesen sein als wir beide. Jeden Morgen und Abend brachte ich ihm kleine Fische vom See und er nahm seine Speise aus meiner Hand. Wir erwachten, wenn die Sonne aufging, und begrüßten einander, wie zwei Geliebte einander grüßen. Ich rief nach meinem Vogel und mit ausgebreiteten Schwingen kam er zu meinen Knien. Ich ging vom Hof und er stand am Zaun und klagte seine Einsamkeit. Ich kam wieder und seine herrlichen blaugrauen Schwingen schienen mich umarmen zu wollen.

   Aber um die Mittagsstunde waren wir der großen Einheit am nächsten. Ich lag auf dem Rasen und rief nach ihm. Er kam und blieb zu meinen Füßen stehen. Er spielte mit meinen Schuhen, meinen Knöpfen, meinen Händen. Und dann trat er zwischen meinen linken Arm und meine Brust. Er blickte sich noch einmal um, mit seinen wundervollen Augen, denen nichts entging. Dann ließ er sich in die Knie sinken. Noch einmal hob sich sein schlanker Hals, als liege er auf dem Moor und müsse nach seinen Feinden sehen. Dann legte er sich nieder, so daß sein Leib zwischen meinem Arm und meinem Herzen lag, und verbarg seinen Kopf an meiner Brust. Ein leise träumender Ton kam unaufhörlich aus seiner Kehle, unsäglich geborgen und

sich in die Knie sinken to bend the knees, lower oneself

glückselig. Meine Hand strich über sein bläuliches Gefieder wie über die Wange eines Kindes. Sein Auge öffnete sich noch zuweilen und blickte mich an und dann schliefen wir ein, während die Bienen über uns summten und der Pirol vom Walde rief.

Vieles in meinem Leben hat meine Seele erhoben und sie mit dem erfüllt, was wir Frommsein nennen. Aber mir ist, als wäre ich dem Herzen Gottes niemals näher gewesen als in den Stunden, in denen meine Hand über das Gefieder des Kranichs glitt und er an meinem Herzen lag.

Als ich im nächsten Sommer wiederkam, war der Kranich nicht mehr da. Man sagte mir, er sei verkauft worden, in den Tiergarten einer großen Stadt, und wahrscheinlich war es geschehen, um Geld für mich zu verdienen. Ich verstand das nicht. Ich verstand nur, daß er fort war und daß Garten, Feld und Wald nun leer waren ohne ihn.

der Pirol yellow thrush

das Frommsein compound, **fromm** (pious, devout) and **sein** ('a state of simple piety')

mir ist als (ob) I feel as though
das Gefieder plumage

I   (a) Wie hat der Erzähler den Vogel bekommen?
    (b) In welchem Sinne war sein Verhältnis zum Vogel wie „im Garten Eden"?
    (c) Welche Farbe hatte das Tier?
    (d) Wie äußerte sich die Zufriedenheit des Vogels?
    (e) Wie fühlte er sich damals bei diesen Mittags schläfchen?
    (f) Warum verschwand der Vogel endlich?
    (g) Wie fühlte sich der Erzähler danach?

II Welche anderen Wörter könnte man an Stelle von *Schwingen, Speise, Tiergarten* und *wundervoll* setzen?

III *Suchen Sie im Text einen Satz, der zeigt, daß*
    (a) der Kranich sehr zärtlich war.
    (b) er unter der Abwesenheit des Vogels litt.
    (c) sein Verhältnis zum Kranich eine Art religiöses Erlebnis darstellte.
    (d) der Vogel in einem Jahr ziemlich schnell gewachsen war.

IV *Schreiben Sie im Perfekt*
    (a) Er war kaum höher als meine Hand, als ich ihn bekam.
    (b) Dann legte er sich nieder, so daß sein Leib zwischen meinem Arm und meinem Herzen lag.
    (c) Ich verstand nur, daß er fort war. §
    (d) Er blickte sich noch einmal um.
    (e) Ich rief nach meinem Vogel und mit ausgebreiteten Schwingen kam er zu meinen Knien.

V *Suchen Sie im Text Wörter, die folgende Bedeutung haben*

manchmal	schmal	unablässig
unaussprechlich	bequem	glücklich
genauso	Federn	ausgestreckt

VI *Schreiben Sie einen kurzen Aufsatz über das Thema „Wie ich ein verletztes Tier pflegte"!*

§ Do not transform the latter clause.

---

7 **ALBERT SCHWEITZER** *(1875-1965) born in Kaisersberg, Alsace; achieved pre-eminence in a number of fields: as a Protestant theologian, as an authority on tropical medicine due to his life-long activities as a missionary doctor in Lambarene in French Equatorial Africa, as a philosopher and as a superb interpreter of Bach's organ works. In fact, he earned university doctorates in three fields: Theology, Medicine and Philosophy. He was awarded the Nobel Peace Prize in 1952. This excerpt is from an eminently readable short autobiography:* Meine Kindheit und Jugendzeit *(1924).*

Das Gewissen

Solange ich zurückblicken kann, habe ich unter dem
vielen Elend, das ich in der Welt sah, gelitten.
Insbesondere litt ich darunter, daß die armen Tiere so
viel Schmerz und Not auszustehen haben.

Einen tiefen Eindruck machte mir ein Erlebnis aus
meinem siebenten oder achten Jahr. Mein Freund und
ich hatten uns Schleudern aus Gummischnüren
gemacht, mit denen man kleine Steine schleuderte.
Es war im Frühjahr, in der Passionszeit. An einem
Sonntagmorgen sagte er zu mir: ,,Komm, jetzt gehen
wir in den Rehberg und schießen Vögel!" Dieser
Vorschlag war mir schrecklich, aber ich wagte nicht zu
widersprechen, aus Angst, er könne mich auslachen. So
kamen wir in die Nähe eines noch kahlen Baumes, auf
dem die Vögel, ohne sich vor uns zu fürchten, lieblich in
den Morgen hinaus sangen. Sich wie ein jagender Indianer
duckend, legte mein Begleiter einen Kiesel in das Leder
seiner Schleuder und spannte sie. Seinem gebieterischen
Blick gehorchend, tat ich unter furchtbaren Gewissens-
bissen dasselbe, mir fest gelobend, daneben zu schießen.
In demselben Augenblick fingen die Kirchenglocken an,
in den Sonnenschein und in den Gesang der Vögel
hineinzuläuten. Es war das ,,Zeichen-Läuten", das dem
Hauptläuten eine halbe Stunde voranging. Für mich
war es eine Stimme aus dem Himmel. Ich tat die
Schleuder weg, scheuchte die Vögel auf, daß sie
wegflogen und vor der Schleuder meines Begleiters sicher
waren, und floh nach Hause. Und immer wieder, wenn
die Glocken der Passionszeit in Sonnenschein und kahle
Bäume hinausklingen, denke ich ergriffen und dankbar
daran, wie sie mir damals das Gebot: ,,Du sollst nicht
töten!" ins Herz geläutet haben.

Von jenem Tag an habe ich gewagt, mich von der
Menschenfurcht zu befreien. Wo meine innerste
Überzeugung mit im Spiele war, gab ich jetzt auf die
Meinung anderer weniger als vorher. Die Scheu vor dem
Ausgelachtwerden suchte ich zu verlernen.

die Gummischnur ¨-e/en elastic tape

in den Rehberg into the 'Rehberg' hunting
area, forest

sich ducken to duck, dodge

das Zeichen-Läuten the time-signal, warning
bell

das Hauptläuten the main daily time-call via
church bells

mit im Spiele sein to be involved
geben auf + Acc. to give weight to

I   (a) Was bedrückte den Erzähler schon seit seiner
         Kindheit?
    (b) Wohin ging er mit dem Freund und warum?
    (c) Warum wagte er es nicht, den Vorschlag seines
         Begleiters abzulehnen?
    (d) Aus welchem Grund scheuchte er die Vögel weg?
    (e) Woran erinnern ihn noch immer die Osterglocken?
    (f) Welchen Vorsatz trug er seit diesem frühen Erlebnis
         in sich?

III *Schreiben Sie Adjektive, die man aus den folgenden*
     Wörtern bilden kann

die Angst	das Herz	das Gewissen
das Elend	töten	der Augenblick
der Eindruck	der Himmel	danken
die Furcht	die Scheu	die Nähe

II *Drücken Sie den Inhalt folgender Sätze mit Stellen aus dem Text aus*
   (a) Ich habe mich seitdem entschlossen, die Meinungen anderer Menschen weniger zu beachten.
   (b) Es hat mich besonders beunruhigt, daß Tiere so grausam behandelt wurden.
   (c) Es war für mich wie ein Zeichen von oben.
   (d) Obwohl ich nicht damit einverstanden war, wollte ich keine Schwierigkeiten machen, denn ich mache mich nicht gern lächerlich.
   (e) Ich versuchte, mich von dieser Angst vor Lächerlichkeit zu befreien.

IV *Schreiben Sie die folgenden Sätze im Futur*
   (a) Ich tat die Schleuder weg und scheuchte die Vögel auf.
   (b) Dieser Vorschlag war mir schrecklich, aber ich wagte nicht zu widersprechen.
   (c) Mein Freund und ich haben uns Schleudern aus Gummischnüren gemacht.
   (d) Für mich war es eine Stimme aus dem Himmel.

V *Versuchen Sie folgende Wörter mit Ihren eigenen Worten zu erklären*

   das Leder   die Schleuder   die Passionszeit
   innerste Überzeugung   ein kahler Baum

---

8 HANS HASS *(Vienna, 1919-   ) is a zoologist who has under-taken numerous underwater expeditions and is possibly well-known to readers for TV documentaries dealing with aspects of such expeditions. Among numerous books of a popular scientific nature he has written are:* Menschen und Haie *(1953) and* Manta, Teufel im Roten Meer *(1958). This excerpt is from his* Unter Korallen und Haien. Abenteuer in der Karabischen See *(Ullstein Verlag, Berlin 1956).*

Der Rettende Schrei

Nach Neujahr erlaubte es das Wetter endlich wieder, an der Nordküste zu jagen; unsere erste Unterwasserpirsch sah uns bei Boca Tabla an der Nordwestspitze von Curacao, wo die Brandung eine große Grotte in die Ufer-felsen genagt hat. Die Wellen waren an diesem Tag weniger hoch als sonst, das Wasser außerordentlich klar, und darüber frohen Mutes, schwammen wir hinaus zum Abbruch.

> **weniger hoch als sonst** less high than usual (üblich)
> **der Abbruch** precipice

Um zu vermeiden, daß sich der getroffene Fisch in den Korallen verfing, banden wir die Harpunenspitze an ein längeres Seil und tauchten zu dritt gleichzeitig in die Tiefe. Im selben Moment, da Alfred einem Zackenbarsch die Harpune in den Leib jagte, rissen Jörg und ich mit starkem Ruck an der Leine, und so gelang es uns tatsächlich, den zappelnden Fisch aus dem Bereich der Korallen herauszubefördern.

> **zu dritt** three at a time, in threes, in a party of three
> **der Zackenbarsch** spiny perch

Ahnungslos schwammen wir mit unserer Beute empor, da sah ich, wie Jörg erstarrte. Und er hatte auch allen Grund dazu: drei Haie kamen aus verschiedenen Richtungen in haarsträubender Geschwindigkeit auf uns zugeschossen.

> **zuschießen auf + Acc.** to come shooting up to

Wir sind später noch des öfteren in gleicher Weise von Haien attackiert worden und haben die Geschwindigkeit der Tiere im Angriff auf sechzig, achtzig und vielleicht hundert Stundenkilometer geschätzt. Was es aber bedeutet, von einem Hai in so unheimlichem Tempo angegriffen zu werden, läßt sich mit Worten auch nicht

> **des öfteren** literary-archaic equivalent of "öfters"
> **auch nicht annähernd** not even approximately

annähernd schildern; das muß man selbst erlebt haben.
Der Hai erscheint im Blickfeld, und im nächsten Moment
ist er schon da. Die Schläge seines wild peitschenden
Schwanzes sind so schnell und stark, daß man sie nicht
sehen, aber deutlich unter Wasser hören kann.

peitschen to whip, lash

In diesem Augenblick größter Gefahr ist mir im
Bruchteil einer Sekunde klargeworden, wie sinnlos es ist,
ein Messer als Waffe gegen Haie bei sich zu tragen. Selbst
wenn es möglich wäre, das Messer noch rechtzeitig aus
der Scheide zu reißen: was sollte man schon mit dieser
lächerlichen Waffe gegen eine so gewaltige Bestie aus-
richten können! Nein, ein Messer ist völlig zwecklos, und
wir haben es auch in der Folgezeit meist zu Hause
gelassen. Wenn der Hai attackiert, kommt er wie ein
Blitz, vollendet im Vorbeischießen sein blutiges Hand-
werk und ist mit seiner Beute schon im nächsten Augenblick wieder verschwunden, gleichgültig, was man mit
dem Messer tut.

der Bruchteil —e fraction

in der Folgezeit in the future

im Vorbeischießen while shooting past

gleichgültig lit: indifferent; here, 'regardless of'

Die Haie kamen auf uns zugerast, für einen Augenblick waren wir keiner Bewegung mächtig, dann schrie
einer von uns vor Schrecken ins Wasser. Keiner von uns
konnte sich später erinnern, wer es eigentlich war, doch
einer stieß zum Glück mit einem schrillen Ton Luft ins
Wasser aus, und das hatte eine erstaunliche Wirkung.

mächtig sein + G to be capable of

Wie von einer höheren Macht zurückgepeitscht, riß es
die drei Haie noch im letzten Augenblick vor uns herum,
und sie jagten ebenso schnell davon, wie sie gekommen
waren.

Einer der Haie, ein Bursche mit lichten Längsstreifen,
schien sich nach dem ersten Schrecken seiner Angst zu
schämen, denn kaum dreißig Meter von uns entfernt
machte er wieder kehrt und setzte zu einem zweiten,
noch wütenderen Angriff an. Jetzt aber brüllten wir zu
dritt im Chor. Und diesmal warf es ihn buchstäblich zur
Seite, er raste davon, und wie haben ihn nicht mehr
gesehen.

mit lichten Längsstreifen with light (-coloured) horizontal stripes

im Chor all together, in a chorus

Atemlos, völlig erschöpft, erreichten wir wieder die
Oberfläche und wußten, daß wir unsere gesunden Glieder
nur einem Zufall verdankten. Die gütige Vorsehung hatte
uns im Augenblick großer Gefahr die einzige Waffe
finden lassen, die man unter Wasser gegen einen
attackierenden Hai hat: man muß ihn anschreien!

die Oberfläche —n surface

I (a) Wo genau fand die Unterwasserjagd statt?
   (b) Warum erstarrten plötzlich die Taucher beim
       Fischfangen?
   (c) Wie war der Angriff des Haifisches?
   (d) Welche weitverbreitete Idee über die mögliche
       Abwehr eines Haiangriffs ist falsch?
   (e) Wie wurden die Taucher zufällig gerettet?
   (f) Wie wurde ein zweiter Angriff verhindert?

II *Finden Sie im Text eine Stelle, die darauf hinweist, daß*
   (a) der Hai sehr schnell schwimmt.
   (b) das Brüllen sehr wirksam gegen die Angriffe der
       Haie war.
   (c) der Erzähler nicht barfuß schwamm.
   (d) die Haie ein besonders empfindliches Gehör
       besitzen.
   (e) das Wetter sehr schlecht gewesen ist.

Suchen Sie im Text Wörter, die folgende Bedeutung haben

vor Angst reglos werden
die Todeszuckungen eines Fisches (Adj.)

zur selben Zeit'
ein sehr hoher Ton

die großen Wellen an der Oberfläche des Wassers in der Nähe des Strandes

das Ungeheuer
außer Atem
alle zusammen (brüllen)

IV *Ersetzen Sie die unterstrichenen Wörter durch Pronomen*
  (a) Ahnungslos schwammen wir mit *unserer Beute* empor.
  (b) *Dieses Mittel* hat sich auch in der Folgezeit glänzend bewährt.
  (c) Dies bewies uns, daß *der Fisch Bewegungen* im Wasser empfindet.
  (d) Und warum erschreckt sie *der menschliche Schrei*? §
  (e) Um zu vermeiden, daß sich *der getroffene Fisch* in *den Korallen* §§ verfing, banden wir *die Harpunenspitze* an ein längeres Seil.

V *Suchen Sie im Text Sätze, die den Inhalt folgender Sätze ausdrücken*
  (a) Ohne selber die Erfahrung gemacht zu haben, ist es praktisch unmöglich zu beschreiben, wie man sich fühlt, wenn man von einem Hai sehr schnell attackiert wird.
  (b) Schwach und ermüdet gelangten wir wieder ans Boot, wo es uns klar wurde, daß wir beinahe ums Leben gekommen wären.

VI *Orden Sie die Synonyme zueinander*

verletzt	— vollkommen
wahrnehmen	— verursachen
die Vermutung	— die Distanz
völlig	— tatsächlich
hervorrufen	— die Fähigkeit
buchstäblich	— verwundet
die Entfernung	— erkennen
die Eigenschaft	— die Annahme

§ Reverse the order. (Nom. precedes Acc.)
§§ Reverse the order. (Nom. precedes the reflexive pronoun *sich*.)

---

9 HERMAN HESSE *(see 4, above)*

Der Wolf

Noch nie war in den französischen Bergen ein so unheimlicher kalter und langer Winter gewesen. Seit Wochen stand die Luft klar, spröde und kalt. Bei Tage lagen die großen, schiefen Schneefelder matt-weiß und endlos unter dem grellblauen Himmel, nachts ging klar und klein der Mond über sie hinweg, ein grimmiger Frostmond von gelbem Glanz, dessen starkes Licht auf dem Schnee blau und dumpf wurde und wie der leibhaftige Frost aussah. Die Menschen mieden alle Wege und namentlich die Höhe, sie saßen träge und schimpfend in den Dorfhütten, deren rote Fenster nachts neben dem blauen Mondlicht rauchig trüb erschienen und bald erloschen.

    Das war eine schwere Zeit für die Tiere der Gegend. Die kleineren erfroren in Menge, auch Vögel erlagen dem Frost, und die hageren Leichname fielen den Habichten und Wölfen zur Beute. Aber auch diese litten furchtbar an Frost und Hunger. Es lebten nur wenige Wolfsfamilien

spröde brittle

in Menge in great numbers

dort, und die Not trieb sie zu festerem Verband.
Tagsüber gingen sie einzeln aus. Da und dort strich einer
über den Schnee, mager, hungrig und wachsam, lautlos
und scheu wie ein Gespenst. Sein schmaler Schatten glitt
neben ihm über die Schneefläche. Spürend reckte er die
spitze Schnauze in den Wind und ließ zuweilen ein
trockenes, gequältes Geheul vernehmen. Abends aber
zogen sie vollzählig aus und drängten sich mit heiserem
Heulen um die Dörfer. Dort waren Vieh und Geflügel
wohlverwahrt, und hinter festen Fensterladen lagen
Flinten angelegt. Nur selten fiel eine kleine Beute, etwa **die Beute** booty, prey
ein Hund, ihnen zu, und zwei aus der Schar waren schon **etwa** such as, like
erschossen worden.

Der Frost hielt immer noch an. Oft lagen die Wölfe
still und brütend beisammen, einer an andern sich
wärmend, und lauschten beklommen in die tote Öde
hinaus, bis einer von den grausamen Qualen des Hungers
gefoltert plötzlich mit schauerlichem Gebrüll aufsprang.
Dann wandten alle anderen ihm die Schnauze zu,
zitterten und brachen miteinander in ein furchtbares,
drohendes und klagendes Heulen aus. Endlich entschloß
sich der kleinere Teil der Schar zu wandern. Früh am **die Schar —en** pack
Tage verließen sie ihre Löcher, sammelten sich und
schnoberten erregt und angstvoll in die frostklare Luft.
Dann trabten sie rasch und gleichmäßig davon. Die
Zurückgebliebenen sahen ihnen mit weiten, glasigen
Augen nach, trabten ein paar Dutzend Schritte hinterher,
blieben unschlüssig und ratlos stehen und kehrten
langsam in ihre leeren Höhlen zurück. Die Auswanderer **unschlüssig** indecisive
trennten sich am Mittag voneinander. Drei von ihnen
wandten sich östlich dem Schweizer Jura zu, die anderen
zogen südlich weiter. Die drei waren schöne, starke Tiere, **der Schweizer Jura** Swiss Jura mountain range
aber entsetzlich abgemagert. Der eingezogene, helle
Bauch war schmal wie ein Riemen, auf der Brust standen
die Rippen jämmerlich heraus, ihre Mäuler waren trocken
und die Augen weit und verzweifelt. Zu dreien kamen **zu dreien** in a party of three
sie weit in den Jura hinein, erbeuteten am zweiten Tag
einen Hammel, am dritten einen Hund und ein Füllen
und wurden von allen Seiten her wütend vom Landvolk
verfolgt. In der Gegend, welche reich an Dörfern und
Städtchen ist, verbreiteten sich Schrecken und Scheu vor
den ungewohnten Eindringlingen. Die Postschlitten **der Postschlitten** postal sleigh
wurden bewaffnet, ohne Schießgewehr ging niemand
von einem Dorf zum anderen. In der fremden Gegend,
nach so guter Beute, fühlten sich die drei Tiere zugleich
scheu und wohl, sie wurden tollkühner als je zu Hause
und brachen am hellen Tag in den Stall eines Meierhofes.
Gebrüll von Kühen, Geknatter splitternder Holzschranken,
Hufegetrampel und heißer, lechzender Atem erfüllten
den engen, warmen Raum. Aber diesmal kamen
Menschen dazwischen. Es war ein Preis auf die Wölfe
gesetzt, das verdoppelte den Mut der Bauern. Und sie
erlegten zwei von ihnen, dem einen ging ein Flintenschuß
durch den Hals, der andere wurde mit einem Beil
erschlagen. Der dritte entkam und rannte so lange, bis er

halbtot auf dem Schnee fiel. Er war der jüngste und
schönste von den Wölfen, ein stolzes, herrisches Tier von
mächtiger Kraft und gelenken Formen. Lange blieb er
keuchend liegen. Blutigrote Kreise wirbelten vor seinen
Augen, und zuweilen stieß er ein pfeifendes, schmer-
zliches Stöhnen aus. Ein Beilwurf hatte ihm den Rücken
getroffen. Doch erholte er sich und konnte sich wieder
erheben. Erst jetzt sah er, wie weit er gelaufen war.
Nirgends waren Menschen oder Häuser zu sehen. Dicht
vor ihm lag ein verschneiter, mächtiger Berg. Es war der
Chasseral. Er beschloß, ihn zu umgehen. Da ihn Durst
quälte, fraß er kleine Bissen vor der gefrorenen, harten
Kruste der Schneefläche,

    Jenseits des Berges traf er sogleich auf ein Dorf. Es
ging gegen Abend. Er wartete in einem dichten Tannen-
forst. Dann schlich er vorsichtig um die Gartenzäune,
dem Geruch warmer Ställe folgend. Niemand war auf der
Straße. Scheu und lüstern blinzelte er zwischen den
Häusern hindurch. Da fiel ein Schuß. Er warf den Kopf
in die Höhe und griff zum Laufen aus, als schon ein
zweiter Schuß knallte. Er war getroffen. Sein weißlicher
Unterleib war an einer Seite mit Blut befleckt, das in
dicken Tropfen jäh herabrieselte. Dennoch gelang es ihm,
mit großen Sätzen zu entkommen und den jenseitigen
Bergwald zu erreichen. Dort wartete er horchend einen
Augenblick und hörte von zwei Seiten Stimmen und
Schritte. Angstvoll blickte er am Berg empor. Er war
steil, bewaldet und mühselig zu ersteigen. Doch blieb ihm
keine Wahl. Mit keuchendem Atem klomm er die steile
Bergwand hinan, während unten ein Gewirr von Flüchen,
Befehlen und Laternenlicht sich den Berg entlangzog.
Zitternd kletterte der verwundete Wolf durch den halb-
dunklen Tannenwald, während aus seiner Seite langsam
das braune Blut hinabbrann.

    Die Kälte hatte nachgelassen. Der westliche Himmel
war dunstig und schien Schneefall zu versprechen.

    Endlich hatte·das erschöpfte Tier die Höhe erreicht.
Er stand nun auf einem leicht geneigten, großen
Schneefelde nahe bei Mont Crosin hoch über dem Dorfe,
dem er entronnen. Hunger fühlte er nicht, aber einen
trüben, klammernden Schmerz von der Wunde. Ein leises,
krankes Gebell kam aus seinem hängenden Maul, sein
Herz schlug schwer und schmerzhaft und fühlte die Hand
des Todes wie eine unsäglich schwere Last auf sich
drücken. Eine einzelnstehende breitästige Tanne lockte
ihn; dort setzte er sich und starrte trübe in die graue
Schneewacht. Eine halbe Stunde verging. Nun fiel ein
mattrotes Licht auf den Schnee, sonderbar und weich.
Der Wolf erhob sich stöhnend und wandte den schönen
Kopf dem Licht entgegen. Es war der Mond, der im
Südost riesig und blutrot sich erhob und langsam am
trüben Himmel höher stieg. Seit vielen Wochen war er
nie so rot und groß gewesen. Traurig hing das Auge des
sterbenden Tieres an der matten Mondscheibe, und
wieder röchelte ein schwaches Heulen schmerzlich und

ein Tier von gelenken Formen an animal of supple shape

zum Laufen ausgreifen so launch, break into a run

ein leicht geneigtes Schneefeld a gently inclined snow-field

dem er entronnen which he had escaped from (reminiscent of classical style)

breitästig broad-branched

tonlos in die Nacht.

Da kamen Lichter und Schritte nach. Bauern in dicken Mänteln, Jäger und junge Burschen in Pelzmützen und mit plumpen Gamaschen stapften durch den Schnee. Gejauchze erscholl. Man hatte den verendenden Wolf entdeckt, zwei Schüsse wurden auf ihn abgedrückt, und beide fehlten. Dann sahen sie, daß er schon im Sterben lag und fielen mit Stöcken und Knütteln über ihn her. Er fühlte es nicht mehr.

das Gejauchze shouting, exultation

Mit zerbrochenen Gliedern schleppten sie ihn nach St. Immer hinab. Sie lachten, sie prahlten, sie freuten sich auf Schnaps und Kaffee, sie sangen, sie fluchten. Keiner sah die Schönheit des verschneiten Forstes noch den Glanz der Hochebene, noch den roten Mond, der über dem Chasseral hing und dessen schwaches Licht in ihren Flintenläufen, in den Schneekristallen und in den gebrochenen Augen des erschlagenen Wolfes sich brach.

noch . . . noch cf. weder . . . noch

die gebrochenen Augen glazed eyes

I (a) Warum war der Winter schwer für die Tiere und Menschen?
   (b) Warum schlossen sich die Wölfe zu einer festeren Gruppe zusammen?
   (c) Wie verhielten sich die Wölfe am Tage und in der Nacht?
   (d) Wozu hatte sich ein Teil der Wölfe entschlossen und warum?
   (e) Wo teilten sich ihre Wege?
   (f) Wie sahen die drei Tiere aus, als sie sich nach Osten begaben?
   (g) Wie hat die Ortsbevölkerung auf ihre Ankunft reagiert?
   (h) Was interessierte die Bauern an den Wölfen?
   (i) Wie wurde der letzte von den dreien endlich getötet?
   (j) Welche Stilmittel in den letzten drei Abschnitten lassen vermuten, daß die Sympathie des Erzählers beim Wolf liegt?

II *Sind die folgenden Aussagen richtig oder falsch?*
   (a) Der Jura ist ein bekanntes mitteleuropäisches Gebirge.
   (b) Abends blieben die Wölfe weit weg von den Dörfern.
   (c) Der letzte Wolf ist in einem Dorf tödlich verwundet worden.
   (d) Die ersten zwei Wölfe wurden von den Dorfbewohnern durch Beile erlegt.
   (e) Kein Dorfbewohner wagte es, unbewaffnet von einem Dorf zum anderen zu gehen.

III *Finden Sie im Text einen Satz, der zeigt, daß*
   (a) die Tiere unter der extremen Kälte gelitten haben.
   (b) die Dorfbewohner, beim Töten des letzten Wolfs, vom Erzähler als kraß und unempfindlich gesehen werden.
   (c) die drei Wölfe sehr schwach und erschöpft waren.
   (d) die Bauern geldgierig waren.
   (e) die drei Wölfe schrecklich dünn geworden waren.

IV *Suchen Sie im Text einzelne Wörter, die folgende Bedeutung haben*

während des Tages	außerordentlich (z.B. 'kalt')
vor Kälte eingehen/sterben	hören
altmodisches Gewehr	die Folter
in einer Gruppe von drei	zornig
fangen (bei der Jagd)	die Axt
mit Schnee bedeckt	mit breiten Ästen
angeben/sich brüsten	weniger werden (z.B. 'Kälte')

V *Schreiben Sie im Passiv*
   (a) Keiner sah die Schönheit des verschneiten Forstes.
   (b) Man hatte den verendenden Wof entdeckt.
   (c) Endlich hatte das erschöpfte Tier die Höhe erreicht.
   (d) Die Menschen mieden alle Wege.

VI *Beschreiben Sie eine Winterlandschaft!*

---

10 THOMAS MANN *(1875-1955) was born in the old Hansa city of Lübeck. He lived as a full-time writer in Munich after the enormous success of his first novel* Buddenbrooks *(1901) which relates through successive generations the history of a patrician family of merchants in Lübeck. In 1933 as an outspoken* *opponent of the National Socialists he moved to Switzerland and from 1939 to 1952 he lived in California. The last three years of his life he spent again in Switzerland. In 1929 he was awarded the Nobel prize for literature and in 1949 the Goethe prize. Most of Mann's novels and* Novellen *have been translated into English and he is probably the best known German writer throughout the rest of the world. Works upon which his great reputation rests are:* Der Zauberberg *(1924),* Joseph und seine Brüder *(1933-42),* Doktor Faustus *(1947) and* Felix Krull *(1954).* Adel des Geistes *(1945) also established Mann as a great literary essayist. The main themes recurrent in Mann's work are the decline of traditional nineteenth century bourgeois civilisation, the conflict between art and nature and the bases of man's existence. (He is the younger brother of Heinrich Mann who is also recognised as a great novelist in works like:* Professor Unrat *(1905),* Der Untertan *(1918) and* König Heinrich IV *(1935-37)).* Herr und Hund *(1925) from which this present extract is taken derives from Mann's period in Munich and depicts his family life and his relationship — in light-hearted, yet philosophical tones — with the family pet. The extract is a good example of Mann's stylistic artistry. His connections with Naturalism are clear here, with his devoted attention to detail which is achieved with an uncanny, almost photographic exactitude.*

Bauschan

Es ist ein kurzhaariger deutscher Hühnerhund, — wenn man diese Bezeichnung nicht allzu streng und strikt nehmen, sondern sie mit einem Körnchen Salz verstehen will; denn ein Hühnerhund wie er im Buche steht und nach der peinlichsten Observanz ist Bauschan wohl eigentlich nicht.

Aber — welch ein schönes und gutes Tier ist Bauschan auf jeden Fall, wie er da straff an mein Knie gelehnt steht und mit tief gesammelter Hingabe zu mir emporblickt! Namentlich das Auge ist schön, sanft und klug, wenn auch vielleicht ein wenig gläsern vortretend. Die Iris ist rostbraun — von der Farbe des Felles; doch bildet sie eigentlich nur einen schmalen Ring, vermöge einer gewaltigen Ausdehnung der schwarz spiegelnden Pupillen, und andererseits tritt ihre Färbung ins Weiße des Auges über und schwimmt darin. Der Ausdruck seines Kopfes, ein Ausdruck verständigen Biedersinnes, bekundet eine Männlichkeit seines moralischen Teiles, die sein Körperbau im Physischen wiederholt: der gewölbte Brustkorb, unter dessen glatt und geschmeidig anliegender Haut die Rippen sich kräftig abzeichnen, die eingezogenen Hüften, die nervicht geäderten Beine, die derben und wohlgebildeten Füße — dies alles spricht von Wackerkeit und viriler Tugend, es spricht von bäurischem Jägerblut, ja der Jäger und Vorsteher waltet eben doch mächtig vor in Bauschans Bildung, er ist ein rechtlicher Hühnerhund, wenn man mich fragt, obgleich er gewiß keinem Akte hochnäsiger Inzucht sein Dasein verdankt; und eben dies mag denn auch der Sinn der sonst ziemlich verworrenen und logisch ungeordneten Worte sein, die

der Hühnerhund —e setter

mit einem Körnchen Salz with a grain of salt
wie er im Buche steht of the first order; out of the box

tief gesammelte Hingabe concentrated devotion

der Biedersinn sense of honesty and loyalty/ decency

nervicht muscular

ich an ihn richte, während ich ihm das Schulterblatt
klopfe.

Er steht und schaut, er lauscht auf den Tonfall meiner
Stimme, durchdringt sie mit den Akzenten einer
entschiedenen Billigung seiner Existenz, die ich meiner
Ansprache stark aufsetze. Und plötzlich vollführt, er, den
Kopf vorstoßend und die Lippen rasch öffnend und
schließend, einen Schnapper hinauf gegen mein Gesicht,
als wollte er mir die Nase abbeißen, eine Pantomime,
die offenbar als Antwort auf mein Zureden gemeint ist
und mich regelmäßig lachend zurückprallen läßt, was
Bauschan auch im voraus weiß. Es ist eine Art Luftkuß, **im voraus** beforehand, in advance
halb Zärtlichkeit, halb Neckerei, ein Manöver, das ihm
von klein auf eigentümlich war, während ich es sonst bei **von klein auf** from his earliest days
keinem seiner Vorgänger beobachtete. Übrigens
entschuldigt er sich sogleich durch Wedeln, kurze Verbeu-
gungen und eine verlegen-heitere Miene für die Freiheit,
die er sich nahm. Und dann treten wir durch die Gartenpforte ins Freie. **ins Freie** into the open (air)

Bauschan erfreut mein Auge durch schöne, gestreckte
Sprünge über das niedrige Gitter des Grasstreifens zur
Linken, hinüber — herüber. Er springt in der Tat, weil er **in der Tat** indeed
weiß, daß ich Gefallen daran finde; denn öfters habe ich **Gefallen finden an + Dat.** to take pleasure in, be taken with
ihn durch Zurufe und Klopfen auf das Gitter dazu
angehalten und ihn belobt, wenn er meinem Wunsche **dazu angehalten** kept at it, further induced
entsprochen hatte; und auch jetzt kommt er beinahe
nach jedem Satz, um sich sagen zu lassen, daß er ein
kühner und eleganter Springer ist, worauf er auch noch
gegen mein Gesicht emporspringt und meinen ab-
wehrenden Arm mit der Nässe seines Maules verunreinigt.
Zum zweiten aber obliegt er diesen Übungen im Sinne
einer gymnastischen Morgentoilette; denn er glättet sein
rauhgelegenes Fell durch die turnerische Bewegung und
verliert daraus die Strohhalme, die es verunzierten. Ich **der Strohhalm —e** piece of straw
ergehe mich ein Weilchen auf den Wegen, während
Bauschan in zentrifugaler Schräglage seines Körpers,
berauscht vom Glücke des planen Raumes, die Rasen-
plätze mit tummelnden Kreuzundquer-Galoppaden **kreuzundquer** zig-zag, hither and thither
erfüllt oder etwa mit einem Gebell, worin Entrüstung
und Vergnügen sich mischen, ein Vöglein verfolgt, das,
von Angst behext oder um ihn zu necken, immer dicht
vor seinem Maule dahinflattert. Da ich mich aber auf
eine Bank setze, ist auch er zur Stelle und nimmt auf **zur Stelle sein** to be on the spot, 'to heel'
meinem Fuße Platz. Denn ein Gesetz seines Lebens ist, **Platz nehmen** to sit down
daß er nur rennt, wenn ich selbst mich in Bewegung
befinde, sobald ich mich aber niederlasse, ebenfalls Ruhe
beobachtet. Das hat keine erkennbare Notwendigkeit;
aber Bauschan hält fest daran.

Es ist sonderbar, traulich und drollig, ihn auf meinem
Fuße sitzen zu fühlen, den er mit seiner fieberhaften
Körperwärme durchdringt. Erheiterung und Sympathie
bewegen mir die Brust, wie fast ohne Unterlaß in seiner **fast ohne Unterlaß** almost continuously
Gesellschaft und Anschauung. Er hat eine stark bäurische
Art zu sitzen, die Schulterblätter nach außen gedreht, bei **nach außen** in an outwardly direction, outwards
ungleichmäßig einwärts gestellten Pfoten. Seine Figur

scheint kleiner und plumper, als wahr ist, in diesem
Zustande, und mit komischer Wirkung wird der weiße
Haarwirbel an seiner Brust dabei vorgedrängt. Aber der
würdig in den Nacken gestemmte Kopf macht jede
Einbuße an schöner Haltung wett kraft all der hohen
Aufmerksamkeit, die sich darin ausprägt . . . Es ist so
still, da wir beide uns still verhalten. Sehr abgedämpft
dringt das Rauschen des Flusses hierher. Da werden die
kleinen und heimlichen Regungen in der Runde
bedeutend und spannen die Sinne: das kurze Rascheln
einer Eidechse, ein Vogellaut, das Wühlen eines
Maulwurfs im Grunde. Bauschans Ohren sind aufgerichtet,
soweit eben die Muskulatur von Schlappohren das
zuläßt. Er legt den Kopf schief, um sein Gehör zu
schärfen. Und die Flügel seiner feuchtschwarzen Nase
sind in unaufhörlicher, empfindlich witternder
Bewegung.

Dann legt er sich nieder, wobei er jedoch die
Berührung mit meinem Fuße wahrt. Er liegt im Profil
gegen mich, in der uralten, ebenmäßigen und tierisch-
idolhaften Haltung der Sphinx, Kopf und Brust erhoben,
die vier Oberschenkel am Leibe, die Pfoten gleichlaufend
vorgestreckt. Da ihm warm geworden, öffnet er den
Rachen, wodurch die gesammelte Klugheit seiner Miene
sich ins Bestialische löst, seine Augen sich blinzelnd
verschmälern; und zwischen seinen weißen, kernigen
Eckzähnen schlappt lang eine rosenrote Zunge hervor.

der Haarwirbel compound of 'hair' and 'whirl' disarrayed growth

die Einbuße an + Dat. loss in

in der Runde around us

die Eidechse —n lizard

am Leibe close to the body

der Eckzahn —̈e eye-tooth

I (a) Beschreiben Sie den Hund.
   (b) Welche "Pantomime" führt der Hund auf?
   (c) Wie entschuldigt er sich für seine Übermut bei
        seinem Herrn?
   (d) Woran findet sein Herr Gefallen?
   (e) Wie verhält sich der Hund auf dem Rasenplatz?
   (f) Welchen Eindruck erweckt der sitzende Hund?
   (g) Welche typischen Geräusche vernehmen die beiden,
        wenn sie ruhig zusammensitzen?

II *Suchen Sie im Text einen Satz, der folgendes ausdrückt*
   (a) Der Erzähler findet es sowohl seltsam und komisch
        als auch vertraut, wenn er den Hund auf seinem
        Schuh sitzen spürt.
   (b) Der Hund liegt neben dem Fuß seines Herrn, dem
        das Tier fast wie ein mythologisches Wesen
        vorkommt.
   (c) Der Hund setzt sich immer, wenn sein Herr sich
        hinsetzt oder stillsteht.
   (d) Wenn der Hund deutlicher hören will, dreht er den
        Kopf zur Seite.

III *Schreiben Sie im Perfekt*
   (a) Und dann treten wir durch die Gartenpforte ins
        Freie.
   (b) Er hat eine stark bäurische Art zu sitzen.

   (c) Er springt in der Tat, weil er weiß, daß ich Gefallen
        daran finde.
   (d) Eben dies mag denn auch der Sinn der sonst
        ziemlich verworrenen Worte sein.

IV *Schreiben Sie Substantive, die man aus den folgenden
    Wörtern bilden kann (Fügen Sie die Artikel hinzu)*

verwirrend	elegant	beobachten
erfüllen	regelmäßig	geädert
gläsern	komisch	ebenmäßig
dringen	spannen	verhalten
entschieden (Adj.)	spiegelnd	springen
erkennbar	moralisch	streng

V *Erklären Sie mit Ihren eigenen Worten die Bedeutung
   folgender Wendungen*
   (a) im Profil
   (b) im voraus
   (c) Ich ergehe mich ein Weilchen auf den Wegen.
   (d) ins Freie treten
   (e) zur Stelle sein

VI *Beschreiben Sie Ihren Hund (oder Ihre Katze)!*

III Arbeit

11 MAX FRISCH *(1911-   ) is, along with his Swiss compatriot Friedrich Dürrenmatt, among the greatest of contemporary German-language dramatists. Frisch is also a novelist of the first rank. Among Frisch's best known plays are:* Biedermann und die Brandstifter *(1958) and* Andorra *(1961); novels by him are:* Stiller *(1954),* Homo faber *(1957) and* Mein Name sei Gantenbein *(1964). Born in Zurich, Frisch attended the university there studying first* Germanistik *which led him to the profession of journalism. He later completed a degree in architecture and practised as an architect for ten years before devoting himself to writing on a full-time basis. The diary from which this extract is taken was his first important publication,* Tagebuch 1946-1949 *(Suhrkamp Verlag, Frankfurt a.M. 1950).*

Santa Margherita

Ein Fischkutter bringt seine Wochenbeute. Kistchen voll Tintenfisch, alles triefend, das grüne und violette Glimmern, schleimig wie der Glanz von Eingeweide. Das Hin und Her der kleinen Barken; mindestens eine ist immer unterwegs zwischen dem ankernden Kutter und der Mole, die im vorigen Jahr noch zerstört war. Die Fischer sind einheitlich-schmutzig, ölig, fröhlich und müde, ein wenig auch stolz: der Mann, der erbeutet, und die Weiber, die die Beute in Empfang nehmen, alles weitere für die häusliche Verwertung tun. Markt unter schattigen Bögen. Sie schütten die wässerige Beute auf steinerne Tische, die mit Feigenblättern und Farnkraut wie zu einem Fest geschmückt sind: sofort beginnt der Verkauf, das Gefeilsch mit singenden Rufen und Gebärden. Ganze Hügel von Schuppensilber. Natürlich stinkt es. Pracht der Farben: das fleischliche Rosa, das Graue, das wie ein Schleier ist, das Grünliche und Bläuliche, alles unter einem Schillern unsäglicher Übergänge. Schön sind die langen Aale mit den weißen Bäuchen, den grünen und braunen Rücken, den schwarzen Flossen. Oder der herrliche Schwung eines Schwanzes, der über den steinernen Tisch hängt: Dann das Messer, das sie aufschlitzt, und die nassen, roten, dicken Weiberhände, die es auf die Waage werfen; dann wechseln sie das papierne Geld. Signore? rufen sie. Niente! Schon ruft die Nächste: Signore? Ein Seestern ist auch dabei, an der Luft hat er seinen ganzen Glanz verloren, nur noch ein grauer Teig, gräßlich mit der Vielzahl seiner blinden Glieder, ihr langsames und verlorenes Tasten, das Kopflose, Leben ohne Wahl und ohne Wollen. Wir gehen weiter. Zu den Krebsen, den roten, wo man nicht weiß, was vorne und hinten sein soll;

der Tintenfisch —e squid

ist . . . unterwegs in on the move/go

das Gefeilsch collective noun from **feilschen:** to bargain.

niente (Italian for 'nothing')
an der Luft in the air/open

27

ein ganzer Berg, der langsam krabbelt; auch hier: Leben
als Verdammnis. Und hinzu kommt das Massenhafte; die
Fischer bringen jedesmal so viel, als ihr Kutter eben
tragen kann; die unvorstellbare Menge, der Griff ins
Zahllose, ins Unerschöpfliche. Ich beobachte ein altes
Weiblein, das einen gelben Hummer hält, ungewiß, ob
der Kerl wirklich so viel Lire wert ist. Unterdessen sind
die Männer schon dabei, ihre braunen Netze auszurollen
auf der Mole; andere stehen in den Pinten, trinken,
reden über den Streik. Der gelbe Hummer ist dem
Weiblein zu teuer; eine junge Dame in Hosen nimmt ihn
sofort. Was mich besonders fesselt, ist einfach der
Umstand, daß man einmal alles zusammen sieht:
Erbeuter, Verkäufer, Verbraucher. Alles ganz konkret.
Dazu das abendliche Gebimmel einer alten Kirche, die
letzte Sonne auf einem Klosterziegeldach, ein Geistlicher
im schwarzen Fladenhut. Zwei ziemlich verlumpte
Kinder teilen sich einen Fisch, der nicht mehr so frisch
ist; sie zerschneiden ihn auf dem Randstein; nochmals
das Schuppensilber, das Wässerige der toten Augen, das
perlmutterne Schillern, das Rosa-Stumme im offenen
Rachen.

der Griff ins. . . reaching into

in den Pinten in the pubs

das Gebimmel pealing

der Fladenhut floppy, broad-brimmed felt hat

I (a) Was bringen die Boote ans Land?
   (b) Wie sehen die Fischer aus?
   (c) Wer nimmt die Beute und was wird damit getan?
   (d) Welche Arten von Meereslebewesen gibt es zu sehen?
   (e) Welchen Eindruck machen die Krebse?
   (f) Welcher weiteren Beschäftigung gehen die Fischer nach?
   (g) Was findet der Erzähler besonders großartig an dem ganzen Schauspiel?
   (h) Welche Farbeffekte fallen ihm besonders auf?
   (i) Beschreiben Sie einige Menschentypen, denen er begegnet ist!

II *Suchen Sie im Text einen Satz, der darauf hinweist, daß*
   (a) der Geruch sehr unangenehm ist.
   (b) der Anblick der Aale sehr fesselnd ist.
   (c) das Kaufen und Verkaufen von Fischen ziemlich schnell vor sich geht.
   (d) man sich in einem katholischen Land befindet.
   (e) der Bootsverkehr sehr rege ist.

III *Schreiben Sie im Passiv und im Futur*
   (a) Zwei ziemlich verlumpte Kinder teilen sich einen Fisch, der nicht mehr so frisch ist. §
   (b) Das Messer, das sie aufschlitzt, und die nassen, roten, dicken Weiberhände, die es auf die Waage werfen, bewegen sich blitzschnell.
   (c) Ein Fischkutter bringt seine Wochenbeute.
   (d) Ein altes Weiblein bezweifelt den Wert eines gelben Hummers.

IV *Schreiben Sie Verben, die man aus diesen Substantiven bilden kann*

   der Griff   der Glanz   die Verwertung
   der Verbraucher die Beute   der Empfand
   die Verdammnis   die Zahl   die Vorstellung

V *Beschreiben Sie einen Ferienort am Meer!*

§ Do not transform the latter clause.

---

12 **JOSEPH ROTH** *(1894-1934), an Austrian novelist, is best known
for the novel* Der Radetzkymarsch *(1932) which contains elements
typical of his extensive writings — a melancholy, ironical tone
with themes related to the internal and external decay of the
Austro-Hungarian monarchy and its aristocratic, glittering facade.
This short-story excerpt is from his* Werke in drei Bänden, *Band 3,
(Verlag Kiepenheuer & Witsch, Cologne 1956).*

Der alte Kellner

Wenn man ihn manchmal eine Stunde lang an einer der dicken Säulen in der Hotelhalle lehnen sieht, eine kleine erloschene Tonpfeife im linken Mundwinkel, die Unterlippe vorgeschoben, die etwas hängenden Wangen vom wächsern schimmernden Rot bestimmter Tiroler Äpfel, die kleinen Augen aus glänzendem, tiefem Kobalt-Blau blicklos in unbekannte Welten gerichtet, die steife Hemdbrust von einem reinen, fast unirdischen Weiß-Lack, das tiefe Schwarz des tadellos passenden Fracks ohne Stäubchen und ohne Falte, in den blitzenden Schuhen die unveränderlichen Reflexe der Lampen und Lichter — so könnte man glauben, der Kellner wäre ein Standbild, ein Hausgott des Hotels und des Fremdenverkehrs, und man könnte ohne eine kleine Verbeugung keineswegs an ihm vorbeigehn. Auf einmal aber — und gerade wenn man es am wenigsten erwartet, setzt er sich in Bewegung — und dieser Anblick is so unwahrscheinlich, daß man auch der Säule nicht mehr traut, daß sie stehen bleiben wird. Wohin geht der Alte? — Ins Restaurant. Er geht nur von den Knien abwärts, seine Füße machen winzige Schritte, wenn ihm jemand in den Weg kommt, bleibt er stehen, irgendein Mechanismus stockt, und man glaubt gehört zu haben, wie ein Rädchen, unter den Frackschößen verborgen, plötzlich stehengeblieben ist. Dann rührt es sich wieder. Eine Viertelstunde später ist der Alte im Restaurant.

Er setzt sich, obwohl man es nicht immer sofort erkennen kann, niemals ohne eine Absicht in Bewegung. Es sind Gäste gekommen, die er schon vor zwanzig oder dreißig Jahren bedient hat, und die er kommen sah, während er an der Säule lehnte und seine Augen auf irgendein Jenseits gerichtet zu sein schienen. Seine Aufmerksamkeit ist noch die alte, nur seine Gliedmaßen sind langsamer geworden. Genauso beobachtete er die Ankunft der Menschen schon vor vierzig Jahren. Nur lief er damals schneller, im Nu stand er vor ihnen, rannte er zur Küche, kam er wieder zurück. Ganz unmerklich, aber unaufhaltsam wurden im Laufe der Jahre und Jahrzehnte seine Füße schwächer, seine Hände zittriger, seine Bewegungen langsamer — unmerklich wie der Weg des Stundenzeigers auf den Uhren ist, aber ebenso sicher wie dieser, war der Weg der Schwäche und des Alters im Körper des Kellners. Jeden Tag wurde sein Lauf ein winziges bißchen schwerer — bis es endlich nach vierzig Jahren ein schleppender Gang war.

die Säule —n pillar

Tiroler Tirolean

blicklos unperceiving

auf einmal plötzlich

im Nu in a flash

im Laufe + Gen. in the course of

29

I (a) Welche Haltung und welches Aussehen sind am typischsten für den Kellner?
   (b) Was kommt einem höchst unwahrscheinlich vor, und warum?
   (c) Beschreiben Sie seine Gangart!
   (d)˙ Wie unterscheidet sich seine jetzige Arbeitsweise von der vor zwanzig Jahren?

II *Drücken Sie den Inhalt folgender Sätze mit Stellen aus dem Text aus*
   (a) Er geht, ohne dabei den Oberkörper zu bewegen.
   (b) Vor vierzig Jahren war er sehr schnell und flink beim Servieren.
   (c) Sein Gang ist mit der Zeit fast unmerklich langsamer geworden.
   (d) Man wird immer wieder überrascht von der Tatsache, daß er sich plötzlich wieder fortbewegt.

III *Suchen Sie im Text Ausdrücke, die dieselbe Bedeutung wie die folgenden haben*
   während der vielen Jahre

   ein Rot, das wie Wachs schimmert
   das Touristengeschäft
   er schien, in irgendeine Ferne zu starren

   ein Frack, der sehr gut paßt

   eine Tonpfeife, die nicht mehr brennt

unvermeidlich
wenn man es sieht,
hält man es kaum
für wahr

als ob er eine Statue wäre

die sehr blank polierten Schuhe

IV *Beginnen Sie mit den Worten in der Klammer*
   (a) Jeden Tag wurde (*sein Lauf*) ein winziges bißchen schwerer.
   (b) Eine Viertelstunde später ist der Alte (*im Restaurant*).
   (c) Ganz unmerklich, aber unaufhaltsam wurden im Laufe der Jahre und Jahrzehnte (*seine Füße*) schwächer.
   (d) Wenn ihm jemand in den Weg kommt, bleibt (*er*) stehen.

V *Versuchen Sie folgende Wörter mit Ihren eigenen Worten zu erklären*
   unaufhaltsam   unmerklich   der Fremdenverkehr
   erloschen   der Kellner   das Restaurant

VI *Schreiben Sie einen kurzen Aufsatz über das Thema: „ein Tag aus dem Leben eines Kellners"!*

---

13 **ROBERT MUSIL** *(1880-1942) was born in Klagenfurt, Austria as the son of a university professor. He studied engineering, mathematics, philosophy and experimental psychology. For most of his life he lived in Vienna and Berlin but emigrated to Switzerland in 1938 and died in Geneva. He is considered one of the giants of German prose style and novel form. His most famous novel, from which this excerpt is taken, is* Der Mann Ohne Eigenschaften *(1930-43), published in 3 volumes and incomplete. Other important works by him are:* Die Verwirrungen des jungen Törless *(novel, 1906),* Vereinigungen *(stories, 1911) and* Drei Frauen *(stories, 1924).*

Der Verkehrsunfall

Die beiden Menschen, die eine breite, belebte Straße hinaufgingen, gehörten ersichtlich einer bevorzugten Gesellschaftsschicht an, waren vornehm in Kleidung, Haltung und in der Art, wie sie miteinander sprachen. Diese beiden hielten nun plötzlich ihren Schritt an, weil sie vor sich einen Auflauf bemerkten. Schon einen Augenblick vorher war etwas aus der Reihe gesprungen, eine querschlagende Bewegung; etwas hatte sich gedreht, war seitwarts gerutscht, ein schwerer, jäh gebremster

aus der Reihe springen to break out of a file, line
querschlagend moving across

30

Lastwagen war es, wie sich jetzt zeigte, wo er, mit einem
Rad auf der Bordschwelle, gestrandet dastand. Wie die
Bienen um das Flugloch, hatten sich im Nu Menschen
um einen kleinen Fleck angesetzt, den sie in ihrer Mitte
freiließen. Von seinem Wagen herabgekommen, stand
der Lenker darin, grau wie Packpapier, und erklärte
mit groben Gebärden den Unglücksfall. Die Blicke der
Hinzukommenden richteten sich auf ihn und sanken
dann vorsichtig in die Tiefe des Lochs, wo man einen
Mann, der wie tot dalag, an die Schwelle des Gehsteigs
gebettet hatte. Er war durch seine eigene Unachtsamkeit
zu Schaden gekommen, wie allgemein zugegeben wurde.
Abwechselnd knieten Leute bei ihm nieder, um etwas
mit ihm anzufangen; man öffnete seinen Rock und
schloß ihn wieder, man versuchte ihn aufzurichten oder
im Gegenteil, ihn wieder hinzulegen; eigentlich wollte
niemand etwas anderes damit, als die Zeit ausfüllen, bis
mit der Rettungsgesellschaft sachkundige und befugte
Hilfe käme.

Auch die Dame und ihr Begleiter waren herangetreten
und hatten, über Köpfe und gebeugte Rücken hinweg,
den Daliegenden betrachtet. Dann traten sie zurück und
zögerten. Die Dame fühlte etwas Unangenehmes in der
Herz-Magengrube, das sie berechtigt war für Mitleid zu
halten; es war ein unentschlossenes, lähmendes Gefühl.
Der Herr sagte nach einigem Schweigen zu ihr: „Diese
schweren Kraftwagen, wie sie hier verwendet werden,
haben einen zu langen Bremsweg.” Die Dame fühlte
sich dadurch erleichtert und dankte mit einem
aufmerksamen Blick. Sie hatte dieses Wort wohl schon
manchmal gehört, aber sie wußte nicht, was ein Bremsweg sei, und wollte es auch nicht wissen; es genügte ihr,
daß damit dieser gräßliche Vorfall zu irgendeiner
Ordnung zu bringen war und zu einem technischen
Problem wurde, das sie nicht mehr unmittelbar anging.
Man hörte jetzt auch schon die Pfeife eines Rettungs-
wagens schrillen, und die Schnelligkeit seines Eintreffens
erfüllte alle Wartenden mit Genugtuung. Bewunderswert
sind diese sozialen Einrichtungen. Man hob den Verunglückten auf eine Tragbahre und schob ihn mit dieser in
den Wagen. Männer in einer Art Uniform waren um ihn
bemüht, und das Innere des Fuhrwerks, das der Blick
erhaschte, sah so sauber und regelmäßig wie ein Krankenhaus aus. Man ging fast mit dem berechtigten Eindruck
davon, daß sich ein gesetzliches und ordnungsmäßiges
Ereignis vollzogen habe. „Nach den amerikanischen
Statistiken“, so bemerkte der Herr, „werden dort
jährlich durch Autos 190 000 Personen getötet und
450 000 verletzt.“

„Meinen Sie, daß er tot ist?“ fragte seine Begleiterin
und hatte noch immer das unberechtigte Gefühl, etwas
Besonderes erlebt zu haben. „Ich hoffe, er lebt“,
erwiderte der Herr. „Als man ihn in den Wagen hob, sah
es ganz so aus.“

---

sich ansetzen to gather

mit groben Gebärden with clumsy gesticulations

zu Schaden kommen to come to grief

die Rettungsgesellschaft ambulance (organization)

die Herz-Magengrube solar-plexus

die Genugtuung satisfaction

um ihn bemüht sein to be taking care of him

I (a) Wie geschah der Unfall?

(b) Wo waren die Verletzten und wie verhielten sich die Vorübergehenden, die sich angesammelt hatten?

(c) Warum empfindet die Frau die Worte des Mannes als erleichternd?
(D.h.: welche psychologische Wirkung hat seine technische Beschreibung?)

(d) Was will vielleicht der Erzähler mit dieser kurzen Beschreibung des Unfalls über die menschliche Natur sagen?

II *Wie heißen die Verben zu den folgenden Nomen*

das Mitleid   das Ereignis   der Eindruck
der Fleck   der Schritt   die Rettung

III *Suchen Sie im Text Sätze, die folgendes ausdrücken*

(a) Der Verletzte wurde in den Krankenwagen gelegt.
(b) Der Lastwagenfahrer berichtete aufgeregt über den Vorfall.

(c) Sie blieben stehen, als sie eine Ansammlung Menschen bemerkten.

(d) Man verabschiedete sich mit dem bequemen Gefühl, das nichts Außerordentliches stattgefunden hatte.

IV *Ordnen Sie die Synonyme zueinander*

die Genugtuung — offenbar
gräßlich — die Nachlässigkeit
das Eintreffen — legal
befugt — die Ankunft
gesetzlich — zuständig
die Unachtsamkeit — greulich
erwidern — antworten
ersichtlich — die Zufriedenheit

V *Beschreiben Sie einen Verkehrsunfall!*

---

14 RUTH REHMANN *(Bonn, 1922-   ) has academic training in literature, music and archaeology. She has published radio plays, novels and stories and is considered a serious, craftsmanlike writer, though not of the first order. This excerpt is from her novel* Illusionen.

Entlassung

„Ich weiß nicht, was Sie sich da in den Kopf gesetzt haben, Frau Schramm", sagte er. „Ihre ‚Entlassung', wenn Sie es so nennen wollen, ich würde es eher als eine Art verlängerten Erholungsurlaub zur Einleitung der verdienten Altersruhe bezeichnen, hat nicht das geringste mit Ihren von uns allen anerkannten Leistungen zu tun. Schließlich werden wir alle alt, der eine früher, der andere später, von einem Vertrauensentzug kann jedenfalls nicht die Rede sein, außerdem weiß ich wirklich nicht, was Sie in Ihrer Stellung, die keinerlei Einblick in wesentliche Zusammenhänge der Firma erlaubt, hätten verraten können, wirklich . . ." er stockte, lächelte gewinnend und wechselte das Register vom Speziellen ins Allgemeine: „Unsere Firma hat sich in den letzten Jahren über alle Erwartungen hinaus ausgedehnt und von Bereichen der Herstellung und des Absatzes Besitz ergriffen, an die gegen Ende des Krieges noch kein Mensch denken konnte. Die Anforderungen an die Arbeitskräfte haben sich verlagert. Man verlangt mehr, man verlangt anderes. Es ist rentabler, eine neue Garnitur heranzuziehen, als die alte umzustellen."

„Sehen Sie", sagte er herzlich, „wir haben Maschinen, die noch tadellos in Ordnung sind und doch ausrangiert

der Vertrauensentzug –̈e withdrawal of trust, no confidence vote

über alle Erwartungen hinaus beyond all expectations

Besitz ergreifen von to take possession of

32

werden müssen, um den neuesten Konstruktionen Platz zu machen: immer das Neueste, das Beste, das Schnellste, das Exakteste. Wie ich Sie kenne, Frau Schramm, fortschrittlich, unsentimental und immer auf das Wohl und Wachstum der Firma bedacht, müßten Sie als erste dafür Verständnis haben. Ich weiß", wehrte er einen nicht erfolgten Einwurf ab, „Menschen sind keine Maschinen, aber in einem Betrieb wie dem unseren müssen sie auf diese Weise, das heißt rationell, eingesetzt werden. Für die menschlichen Belange sorgt die Sozialabteilung, und Sie werden zugeben, daß diese in unserer Firma auf das beste funktioniert. Selbstverständlich vollzieht sich ein solcher Schnitt nicht von heute auf morgen. Sie bleiben noch eine Zeitlang bei uns und arbeiten die neue Kraft ein, ich habe dafür Fräulein Viol vorgesehen, die Sie selbst empfohlen haben. Wenn Sie spezielle Wünsche oder Klagen vorzubringen haben . . ." Frau Schramm schüttelte den Kopf, und der enge Schlauch des Zimmers, der verschwommene Fleck seines Gesichtes, schwankten mit, pendelten von links nach rechts, von rechts nach links. „Was soll ich denn tun?" murmelte sie, das galt nicht ihm, sie fragte sich selbst, wußte keine Antwort und tastete mit der Hand nach der Türklinke in ihrem Rücken. „Leben, Frau Schramm!" sagte er heiter, „endlich leben, Bücher lesen, Reisen machen, Geselligkeit pflegen, das private Reservat, das jeder Mensch hat, über den ganzen Tag ausdehnen und erfüllen. Haben Sie kein Hobby, keine Lieblingsbeschäftigung, die das Büro bisher in die Winkel des Feierabends und der Wochenenden verdrängt hat? Nun haben Sie Zeit! Ich beneide Sie, Frau Schramm, ganz ehrlich, ich wollte, ich wäre schon soweit."

Langsam kochte Zorn in ihr hoch, ausgelöst von dem „ich beneide Sie", oder von der endlich zu ihr durchgedrungenen Gewißheit, daß sie falsch gedacht und vergeblich geopfert hatte. Sie stieß sich an der Türklinke ab und ging Schritt für Schritt auf ihn zu, kniff die Augen zusammen, um den taumelnden Ballon seines Kopfes an einer Stelle festzuhalten. „Ich habe kein privates Reservat", sagte sie leise, demütig, als wollte sie um Entschuldigung bitten, daß sie diese Pflicht versäumt habe, aber während sie weitersprach, hörte sie, wie ihre Stimme von einer fremden Gewalt ergriffen und fortgerissen wurde, immer lauter, immer schneller, wohin? dachte sie, wohin? wo soll das noch enden? „Ich habe auch kein Hobby, Herr Direktor", sagte sie, „meine Lieblingsbeschäftigung ist die Firma, ich pflege keine Geselligkeit, lese nicht gern, Reisen bereitet mir Unbehagen. Kein Mensch hat in all den Arbeitsjahren von der Notwendigkeit eines privaten Reservats gesprochen, im Gegenteil. . ." sie verfiel plötzlich in den Wortlaut der Jubiläumsrede und sah ihm an, daß auch er sich erinnerte: „ . . . auf den Schultern der alten Getreuen ruht unsere Firma. Ihrer Zuverlässigkeit, ihrem

---

Platz machen + Dat. to make room for

auf diese Weise in this way/manner

von heute auf morgen from one moment to the next
eine Zeitlang for a while/some time

das galt ihm nicht it was no concern of his

die Türklinke —n door-knob

Schritt für Schritt step by step
taumeln to reel

Unbehagen bereiten + Dat. to make someone uneasy

das Jubiläum jubilee, anniversary

Fleiß, ihrem selbstlosen Einsatz ist das Gedeihen des gewaltigen, in aller Welt bekannten Wellis-Konzerns anvertraut, und er wird es ihnen danken . . ." Bei dem Wort „danken" kamen ihr plötzlich die Tränen. Alles, was sie noch sagen wollte, Bitterkeit, Zorn, gerechter Anspruch, zerfloß ihr unter den Händen, die verzweifelt die Handtasche nach einem Taschentuch durchwühlten.

I   (a)   Wie möchte der Leiter der Firma die Entlassung verstanden wissen?
      (b)   Welche Gründe nennt er, die sie überzeugen sollen, mit der Arbeit aufzuhören?
      (c)   Wie schmeichelte er ihr?
      (d)   Wie reagiert die Frau?
      (e)   Wie schildert er ihr ihren bevorstehenden Ruhestand?
      (f)   Was ist der unmittelbare Anlaß dafür, daß sie wütend wird?
      (g)   Welches Ende nimmt die Konfrontation und warum?

II   *Suchen Sie im Text einen Sätz, der zeigt, daß*
      (a)   die Frau allmählich wütend wurde.
      (b)   der Frau plötzlich schwindelig wird.
      (c)   die Frau nicht sofort aufzugeben braucht.
      (d)   die Firma neuerdings eine erhebliche Erweiterung erlebt hat.
      (e)   die Frau ihm ziemlich aggressiv gegenübertrat.

III   *Ordnen Sie die Synonyme zueinander*

selbstverständlich	—	das Unternehmen
das Hobby	—	progressiv
der Fleiß	—	die Emsigkeit
fortschrittlich	—	das Steckenpferd
der Betrieb	—	besondere
speziell	—	natürlich

IV   *Worauf, glauben Sie, bezieht sich der Mann, wenn er sagt*
      (a)   Ich beneide Sie, Frau Schramm, ganz ehrlich, ich wollte, ich wäre schon soweit.
      (b)   Es ist rentabler, eine neue Garnitur heranzuziehen, als die alte umzustellen.

V   *Schreiben Sie im Perfekt*
      (a)   Alles, was sie noch sagen wollte, zerfloß ihr unter den Händen.
      (b)   Sie bleiben noch eine Zeitlang bei uns und arbeiten die neue Kraft ein.
      (c)   Von einem Vertrauensentzug kann jedenfalls nicht die Rede sein.
      (d)   Meine Lieblingsbeschäftigung ist die Firma, ich pflege keine Geselligkeit, lese nicht gern, Reisen bereiten mir Unbehagen.

VI   *Schreiben Sie als Arbeitnehmer einen Kündigungsbrief an Ihren Chef!*

IV Krieg

15 WOLFGANG BORCHERT *(1921-1947) was born in Hamburg
and died in a hospital in Basle in 1947 — at the age of only
twenty-six. He died a lonely, painful death caused by diseases he
had contracted during the war as a soldier on the Russian front
and as a prisoner condemned to death for anti-Nazi activities. The
day after his death his best-known work, the play* Draussen vor
der Tür, *was premiered in Hamburg. Ironically he never heard or
saw it and it made him overnight into a European celebrity. Its
theme, like that of his short stories, is German youth which has
been senselessly and cruelly sacrificed and deceived of its basic
rights to life and hope. His milieu is not the war period but
rather the chaotic, depressing situation in the immediate post-war
years. His works nevertheless sometimes breathe an overwhelming
feeling of hope or meaningful human contacts. This short story is
very typical of his others and is taken from his* Gesamtwerk
(Rowohlt-Verlag, Hamburg, 1949).

Die Küchenuhr

Sie sahen ihn schon von weitem auf sich zukommen,
denn er fiel auf. Er hatte ein ganz altes Gesicht, aber wie
er ging, daran sah man, daß er erst zwanzig war. Er setzte
sich mit seinem alten Gesicht zu ihnen auf die Bank. Und
dann zeigte er ihnen, was er in der Hand trug.

Das war unsere Küchenuhr, sagte er und sah sie alle
der Reihe nach an, die auf der Bank in der Sonne saßen.
Ja, ich habe sie noch gefunden. Sie ist übriggeblieben.

Er hielt eine runde tellerweiße Küchenuhr von sich hin
und tupfte mit dem Finger die blaugemalten Zahlen ab.

Sie hat weiter keinen Wert, meinte er entschuldigend,
das weiß ich auch. Und sie ist auch nicht so besonders
schön. Sie ist nur wie ein Teller, so mit weißem Lack.
Aber die blauen Zahlen sehen doch ganz hübsch aus,
finde ich. Die Zeiger sind natürlich nur aus Blech. Und
nun gehen sie auch nicht mehr. Nein. Innerlich ist sie
kaputt, das steht fest. Aber sie sieht noch aus wie immer.
Auch wenn sie jetzt nicht mehr geht.

Er machte mit der Fingerspitze einen vorsichtigen
Kreis auf dem Rand der Telleruhr entlang. Und er sagte
leise: Und sie ist übriggeblieben.

Die auf der Bank in der Sonne saßen, sahen ihn nicht
an. Einer sah auf seine Schuhe und die Frau sah in ihren
Kinderwagen. Dann sagte jemand:

Sie haben wohl alles verloren?

Ja, ja, sagte er freudig, denken Sie, aber auch alles!
Nur sie hier, sie ist übrig. Und er hob die Uhr wieder
hoch, als ob die anderen sie noch nicht kannten.

Aber sie geht doch nicht mehr, sagte die Frau.

Nein, nein, das nicht, kaputt ist sie, das weiß ich wohl.

der Reihe nach *in turn*

35

Aber sonst ist sie doch noch ganz wie immer: weiß und
blau. Und wieder zeigte er ihnen seine Uhr. Und was das
Schönste ist, fuhr er aufgeregt fort, das habe ich Ihnen ja
noch überhaupt nicht erzählt. Das Schönste kommt
nämlich noch: Denken Sie mal, sie ist um halb drei
stehengeblieben. Ausgerechnet um halb drei, denken Sie
mal.

ausgerechnet just, exactly, precisely

Dann wurde Ihr Haus sicher um halb drei getroffen,
sagte der Mann und schob wichtig die Unterlippe vor.
Das habe ich schon oft gehört. Wenn die Bombe runter-
geht, bleiben die Uhren stehen. Das kommt von dem
Druck.

Er sah seine Uhr an und schüttelte überlegen den
Kopf. Nein, lieber Herr, nein, da irren Sie sich. Das hat
mit den Bomben nichts zu tun. Sie müssen nicht immer
von den Bomben reden. Nein. Um halb drei war ganz
etwas anderes, das wissen Sie nur nicht. Das ist nämlich
der Witz, daß sie gerade um halb drei stehengeblieben ist.
Und nicht um viertel nach vier oder um sieben. Um halb
drei kam ich nämlich immer nach Hause. Nachts, meine
ich. Fast immer um halb drei. Das ist ja gerade der Witz.

Er sah die anderen an, aber die hatten ihre Augen von
ihm weggenommen. Er fand sie nicht. Da nickte er
seiner Uhr zu: Dann hatte ich natürlich Hunger, nicht
wahr? Und ich ging immer gleich in die Küche. Da war
es dann fast immer halb drei. Und dann, dann kam
nämlich meine Mutter. Ich konnte noch so leise die Tür
aufmachen, sie hat mich immer gehört. Und wenn ich in
der dunklen Küche etwas zu essen suchte, ging plötzlich
das Licht an. Dann stand sie da in ihrer Wolljacke und
mit einem roten Schal um. Und barfuß. Immer barfuß.
Und dabei war unsere Küche gekachelt. Und sie machte
ihre Augen ganz klein, weil ihr das Licht so hell war.
Denn sie hatte ja schon geschlafen. Es war ja Nacht.

So spät wieder, sagte sie dann. Mehr sagte sie nie. Nur:
So spät wieder. Und dann machte sie mir das Abendbrot
warm und sah zu, wie ich aß. Dabei scheuerte sie
immer die Füße aneinander, weil die Kacheln so kalt
waren. Schuhe zog sie nachts nie an. Und sie saß so lange
bei mir, bis ich satt war. Und dann hörte ich sie noch die
Teller wegsetzen, wenn ich in meinem Zimmer schon das
Licht ausgemacht hatte. Jede Nacht war es so. Und
meistens immer um halb drei. Das war ganz selbstverständlich, fand ich, daß sie mir nachts um halb drei in der
Küche das Essen machte. Ich fand das ganz selbstverständlich. Sie tat das ja immer. Und sie hat nie mehr
gesagt als: So spät wieder. Aber das sagte sie jedesmal.
Und ich dachte, das könnte nie aufhören. Es war mir so
selbstverständlich. Das alles war doch immer so gewesen.

ganz selbstverständlich quite natural

Einen Atemzug lang war es ganz still auf der Bank.
Dann sagte er leise: Und jetzt? Er sah die anderen an.
Aber er fand sie nicht. Da sagte er der Uhr leise ins weiß-
blaue runde Gesicht: Jetzt, jetzt weiß ich, daß es das
Paradies war. Das richtige Paradies.

Auf der Bank war es ganz still. Dann fragte die Frau:

Und Ihre Familie?

Er lächelte sie verlegen an: Ach, Sie meinen meine Eltern? Ja, die sind auch mit weg. Alles ist weg. Alles, stellen Sie sich vor. Alles weg.

Er lächelte verlegen von einem zum anderen. Aber sie sahen ihn nicht an.

Da hob er wieder die Uhr hoch und er lachte. Er lachte: Nur sie hier. Sie ist übrig. Und das Schönste ist ja, daß sie ausgerechnet um halb drei stehengeblieben ist. Ausgerechnet um halb drei.

Dann sagte er nichts mehr. Aber er hatte ein ganz altes Gesicht. Und der Mann, der neben ihm saß, sah auf seine Schuhe. Aber er sah seine Schuhe nicht. Er dachte immerzu an das Wort Paradies.

I (a) Was war an ihm auffallend?
   (b) Wem zeigte er die Uhr?
   (c) Wie war die Uhr?
   (d) Was war mit ihm geschehen?
   (e) Was war an der Position der Uhrzeiger merkwürdig?
   (f) Woran erinnerte ihn die Uhrzeit 'halb drei'?
   (g) Was war ihm so selbstverständlich gewesen und wie schätzte er es jetzt ein?

II *Sind die folgenden Aussagen richtig oder falsch?*
   (a) Bevor er sich auf die Bank setzte, fiel er hin.
   (b) Die Uhrzeiger waren aus Metall.
   (c) Die Uhr war alles, was nach einem Bombenangriff auf das Haus übrigblieb.
   (d) Der junge Mann mit der Uhr pflegte regelmäßig sehr spät nach Hause zu kommen.
   (e) Seine Mutter hatte ihn immer ausgeschimpft, wenn er spät nach Hause kam.
   (f) Alle seine Verwandten sind durch Luftangriffe umgekommen.

III *Suchen Sie im Text einen Satz, der zeigt, daß*
   (a) der junge Mann von seiner Mutter verwöhnt wurde.
   (b) er ziemlich verstört war.
   (c) er seine Mutter sehr vermisst.
   (d) er sich etwas schüchtern benimmt.

IV *Schreiben Sie im Präsens und im Perfekt*
   (a) Sie sahen ihn schon von weitem auf sich zukommen, denn er fiel auf.
   (b) Das war unsere Küchenuhr, sagte er und sah sie alle der Reihe nach an.
   (c) Ich konnte noch so leise die Tür aufmachen, sie hörte mich immer.
   (d) Und dann zeigte er ihnen, was er in der Hand trug.

V *Suchen Sie im Text Wörter und Ausdrücke, die folgende Bedeutung haben*

die Fliesen   das ist ja das Lächerliche daran!
ohne Pantoffeln   blicken auf
peinlich   auf einmal schaltete man das Licht
                       an

VI *Erzählen Sie von einem Tag im Leben eines Tisches!*

---

16 ALFRED DÖBLIN *(1878-1957) worked for the early part of his life as a physician in his native Berlin. He achieved literary fame with the novel* Die drei Sprünge des Wang-lun *in 1915. His most famous novel,* Berlin Alexanderplatz *(1929), was the attempt to capture the social and psychological realities of the metropolis where he was born, in particular the tough, criminal underworld of the East End in contemporary Berlin. It has often been likened, in style and impact, to no less a work than James Joyce's* Ulysses. *In 1933 Döblin emigrated to France and from there in 1940 to America. In 1945 he returned to Germany. He continued writing both in exile and after returning to Germany not only in the form of the novel but also plays, essays and experimental prose. The novel was nevertheless his peculiar gift and his achievement in that genre has often been likened to what Bertolt Brecht, his contemporary, did for the theatre and lyric poetry. This excerpt is taken from his novel* Hamlet oder die lange Nacht nimmt ein Ende *(3rd. edition, Müller Verlag, Munich, 1960).*

Am Dom zu Naumburg

. . . Und wieder steht eine alte Frau an einer Kirche. Es ist ein geschlagenes Land, eine kleine Stadt. Der Dom von Naumburg in Deutschland. Sie hat lange gestanden, nun setzt sie sich auf eine Bank an der Straße und sitzt, das Tuch über den Kopf gezogen. Auf dem Platz vor ihr und durch die Alleen ziehen Menschen. Warum sitzt sie hier? Sie hat sich mit keinem verabredet.

Noch immer fluten Menschen vorbei. Sie marschieren in großen Kolonnen, manche in kleinen losen Trupps. Soldaten und Zivilisten.

Polnische Arbeiter, russische Arbeiter kehren heim, sie ziehen ab, sie ziehen durch die Stadt. Männer in fremder Uniform, französische Kriegsgefangene, sie ziehen heim, sie ziehen ab.

Und wer kommt wieder in dieses Land? In dieses Land wie in jedes andere Land? Man hat sie hier nach Polen und Rußland geführt, in Sumpf und Eis und Schnee sind sie erschossen, **erfroren.** Man hat sie in die Schiffe, in die U-Boote gesetzt. Sind sie gefangen, sind sie ertrunken? Man hat sie nach Italien und Afrika geführt, in die Hitze, in die Wüste, sind sie im Sand liegengeblieben, verdurstet, **vertrocknet?** Die Welt ist bitter, lange dauert der Krieg.

Die Frau sitzt auf der Bank, das Tuch über dem Kopf. Der Krieg dauerte lange, wir haben ihn verloren. Darum ziehen die Fremden ab. Sie lassen uns allein. Und was wird nun werden?

Es stehen schon **fremde Soldaten in der Stadt.** Die Leute sagen: sie befehlen hier. Es gibt kein Deutschland mehr, wir haben verloren.

Sollen sie nur befehlen: wir haben schon alles hingegeben, was kann man denn mit uns noch machen?

Es kommen welche und setzen sich zu der Frau. Sie sagt: ,,Ich hatte drei Söhne. Einer kam blind aus dem ersten Krieg zurück; er ist **schon** tot. Die beiden anderen sind draußen im Kampf gefallen. Wohl ihnen, daß sie nicht zurückkehren.‘‘

,,Man wir die Helden nicht vergessen.‘‘

,,Warum hat man sie in solche Kriege geführt? Wer hat das ausgedacht? Können Sie mir eine Antwort geben? Alles muß doch einen Sinn haben. Was man den Jungen gesagt hat, haben sie geglaubt. Sie haben nur Sieg, nur Sieg geschrien, und sogar aus dem Feld haben sie so geschrieben. Und nun?‘‘

,,Was nun?‘‘

,,Sollten etwa meine Jungen über den Krieg nachdenken?

Haben sie ihn angerichtet? Hat sie einer gefragt? Sie hatten zu parieren und durften nur ja und amen sagen. Herr, Sie wollen mich trösten und können sich selber nicht trösten. Sagen Sie mir, Herr, wer hat den Krieg gemacht?‘‘

,,Um Himmels willen, was fragen Sie? Das Vaterland rief. Wir folgten unserem Führer!‘‘

sich verabreden to arrange, to meet

in kleinen losen Trupps in small loosely formed groups

was wird nun werden? what will happen now?

sollen sie nur befehlen just let them give orders (commands)

welche some (people)

wohl ihnen fortunate for them

etwa (an emphasis particle, giving notion of confusion. With sollten it conveys: "Well what, for example, should . . .")

anrichten to cause (negative: something bad)

sie hatten zu parieren (coll.) they just had to obey

ja und amen sagen (coll., fig.) to say amen to things (take things lying down)

um Himmels willen for heaven's (God's) sake

„Dem Kaiser im ersten Krieg und verloren, dem Führer im zweiten Krieg und verloren. Mein blinder, toter Junge wurde nicht gefragt und die beiden anderen auch nicht. Aber liegenbleiben durften sie."

„Das Vaterland."

„Bin ich auch, Jawohl, das Vaterland bin ich auch. Meine Jungen sind auch das Vaterland."

„Wo kommen wir da hin? Sie wissen nicht, was Sie reden. Wenn es noch die Partei gäbe, so würde man Sie . . ."

„Aufhängen — ich weiß. Kleine Leute haben den Mund zu halten. Das Vaterland sind nur die großen Leute. Und jetzt, Herr, sollen wir euch die Häuser aufbauen, damit ihr euch wieder an den Tisch setzt und über uns beschließt."

Sie saß. Sie blickte hinter den Menschen her, die mit Karren und Sack und Pack vorbeizogen, und dachte voll Haß: Recht geschieht euch. Ihr merkt noch nicht mal heute was. Ihr Rindvieh. Ihr gehört in den Krieg, daß man euch schlachtet.

haben den Mund zu halten (see above: "sie hatten zu parieren")

beschließen über to decide what to do with

mit Sack und Pack with bag and baggage (all their belongings)

Recht geschieht euch it serves you right (inversion of „es geschieht euch Recht")

Rindvieh (sl.) (literally: cattle) blockheads, fools

schlachten to slaughter

I (a) Wo stand die Frau, von der man erzählte?
   (b) Wer zieht durch die Stadt?
   (c) Wogegen redet die alte Frau?
   (d) Spielt sich die Handlung dieser Geschichte vor Kriegsbeginn oder gleich nach Kriegsende ab?
   (e) Warum ziehen fremde Soldaten in die Stadt?
   (f) Warum hat sie keine Angst vor ihnen?
   (g) Wie hat sich der Krieg auf sie persönlich ausgewirkt?
   (h) Welches Bild des Vaterlandes greift sie heftig an?
   (i) Warum beschimpft sie dann schließlich die vorüberziehenden Flüchtlinge?

II *Schreiben Sie im Perfekt und im Futur*
   (a) Menschen ziehen durch die Alleen.
   (b) Sie verabredete sich mit keinem.
   (c) Denken meine Jungen über den Krieg nach?
   (d) Man hielt es aus.
   (e) Sie blickte hinter den Menschen her, die mit Karren vorbeizogen, und dachte voll Haß: Recht geschieht euch.

III *Ergänzen Sie folgende Sätze mit der richtigen Form des angegeben Attributs*
   (a) . . . . . toten Jungen wurden nicht gefragt. (mein)
   (b) Man verstand nicht mal . . . . . Sprache. (ihr)
   (c) Sie wurden von der Lebensanschauung . . . . (ihr) älteren Zeitgenossen beeinflußt.
   (d) Was man . . . . . Jungen gesagt hat, hat er geglaubt. (unser)
   (e) Das ist . . . . . einzige Entschuldigung. (sein)

IV *Suchen Sie im Text Sätze, die zeigen, daß*
   (a) Deutschland ein geschlagenes Land war.
   (b) sich eine große Menge Menschen auf der Straße befand.
   (c) der Danebensitzende ihre Worte für unangebracht und gefährlich hielt.
   (d) sie den Krieg als Spielzeug der großen Leute ausdeutete.
   (e) sie im Krieg sehr gelitten hatte.

V *Ordnen Sie die Synonyme zueinander*

die Straße — geschlagen
errichten — fremd
anstiften — trösten
das Fuhrwerk — das Feld
der Laie — gefallen
besiegt — glauben
ausländisch — der Karren
der Kampfplatz — aufbauen
umgekommen — die Allee
vertrauen — der Zivilist
beruhigen — ausdenken

VI *Setzen Sie die richtigen Endungen ein*
   (a) Die Frau sitzt auf d- Bank, d- Tuch über d- Kopf.
   (b) Mein- blind- tot- Junge wurde nicht gefragt und d- beid- ander- auch nicht.
   (c) Es ist ein- geschlagen- Land, ein- klein- Stadt.
   (d) Auf d- Platz vor (her) und durch d- Alleen ziehen viel- arm- Flüchtlinge.

VII *Versuchen Sie folgende Wörter mit Ihren eigenen Worten zu erklären*
   das U-Boot   die Uniform   die Wüste   die Partei

17 ANNE FRANK *(1929-1945) was born in Frankfurt am Main. In 1933 her family emigrated as Jewish refugees from Nazi Germany, having finally to go underground in Amsterdam in 1940. She with seven others in her family lived in a hidden compartment at the back of a house from 1942-1944. During this time Anne was between 13 and 15 years of age and she wrote a diary, addressing her thoughts and experiences to an imagined friend whom she called Kitty. In 1944 the hiding place was betrayed to the Nazi occupation powers and in March 1945 Anne died in the concentration camp Bergen-Belsen. The diary, originally kept by her in Dutch, was later translated into several languages (the present German version is by A. Schütz) and with justification was seen as a document of awe-inspiring humanity and poignant affirmation of man's potential greatness. From the diary a play was adapted by Frances Goodrich and Albert Hackett and this was played with great public acclaim all over the world.*

Aus dem Tagebuch Der Anne Frank

Mittwoch, 8. Juli 1942

Zwischen Sonntagmorgen und heute scheinen Jahre zu liegen. Es ist unendlich viel geschehen, es ist, als wäre die Erde verwandelt! Aber, Kitty, ich lebe noch, und das ist die Hauptsache, sagt Vater. Ja, ich lebe noch, aber frage mich nur nicht, wie. Wahrscheinlich begreifst du mich heute schon gar nicht mehr. Darum werde ich dir nun mal erst erzählen, was sich seit Sonntag ereignet hat.

Um 3 Uhr (Harry war eben weggegangen und wollte später wiederkommen) hatte es geschellt. Ich hatte nichts gehört, weil ich gemütlich faul auf der Veranda im Liegestuhl lag und las. Da kam Margot ganz aufgeregt an die Tür. „Anne, für Vater ist ein Aufruf von der SS gekommen", flüsterte sie, „Mutter ist schon zu Herrn van Daan gelaufen." Ich erschrak furchtbar. Ein Aufruf ... jeder weiß, was das bedeutet: Konzentrationslager ... einsame Zellen sah ich vor mir auftauchen, und dahin sollten wir Vater ziehen lassen! „Er geht natürlich nicht", sagt Margot bestimmt, als wir im Wohnzimmer zusammensaßen, um auf Mutter zu warten. „Mutter ist zu van Daans gegangen, um zu besprechen, ob wir schon morgen untertauchen. Van Daans gehen mit, dann sind wir sieben." Ganz still war es. Wir konnten nicht mehr sprechen. Der Gedanke an Vater, der, nichts Böses ahnend, seine Schützlinge im jüdischen Altersheim besuchte, das Warten auf Mutter, die Hitze, die Spannung ... wir waren ganz stumm geworden.

Plötzlich schellte es. „Das ist Harry", sagte ich. „Nicht öffnen", hielt Margot mich zurück, aber es war überflüssig. Wir hörten Mutter und Herrn van Daan mit Harry sprechen. Als er weg war, kamen sie herein und schlossen die Tür hinter sich ab. Bei jedem Klingeln mußte Margot oder ich ganz leise nach unten gehen und sehen, ob es Vater sei. Sonst durfte niemand herein.

Wir wurden beide aus dem Zimmer geschickt. Van Daan wollte mit Mutter allein sprechen. Als wir in

es schellt there is a ring at the door
gemütlich comfortably

die SS= die Schutzstaffel lit: guard detachment (Nazi para-military organization)

nach unten gehen to go downstairs

unserem Zimmer warteten, erzählte mir Margot, daß der Aufruf nicht für Vater war, sondern für sie. Ich erschrak von neuem und begann, bitterlich zu weinen. Margot ist 16. So wollen sie Mädels wie Margot allein verschicken!? Sie geht glücklicherweise nicht von uns weg. Mutter hat es gesagt, und darauf hatten wohl auch Vaters Worte gezielt, als er mit mir vom Untertauchen gesprochen hatte.

Untertauchen! Wo sollen wir untertauchen? In der Stadt, auf dem Lande, in irgendeinem Gebäude, einer Hütte, wann, wie, wo? Das waren Fragen, die ich nicht stellen durfte, die aber doch immer wieder im meinem Hirn kreisten.

Margot und ich begannen, das Nötigste in unsere Schultaschen zu packen. Das erste, was ich nahm, war dieses gebundene Heft, dann bunt durcheinander: Lockenwickler, Taschentücher, Schulbücher, einen Kamm und alte Briefe. Ich dachte ans Untertauchen und stopfte lauter unsinniges Zeug in die Tasche. Aber es tut mir nicht leid, Erinnerungen sind mir mehr wert als Kleider . . .

Donnerstag, 9. Juli 1942

So liefen wir durch den strömenden Regen, Vater, Mutter und ich, jeder mit einer Akten- und einer Einkaufstasche, bis oben vollgepropft mit einem wüsten Durcheinander. Die Arbeiter, dir früh zur Arbeit gingen, sahen uns mitleidig an. In ihren Mienen konnten wir das Bedauern lesen, und daß wir ihnen leid taten, weil wir so schleppen mußten und nicht fahren durften. Der auffallende gelbe Stern sagte genug. Unterwegs erzählten mir die Eltern Punkt für Punkt, wie der Plan, unterzutauchen, entstanden war. Schon monatelang hatten wir einen Teil unserer Einrichtung und unserer Kleidung in Sicherheit gebracht. Nun waren wir gerade so weit, daß wir freiwillig am 16. Juli verschwinden wollten. Durch den Aufruf war es zehn Tage früher geworden, und wir mußten uns zufriedengeben, wenn die Räume noch nicht zweckmäßig instand gesetzt waren . . .

Montag abend, 8. November 1943

Heute abend wurde andauernd und scharf geschellt. Ich wurde weiß ein Tuch, bekam Leibschmerzen und Herzklopfen und verging beinahe vor Angst. Wenn ich abends im Bett bin, habe ich schreckliche Visionen. Dann sehe ich mich allein im Gefängnis ohne Vater und Mutter. Manchmal irre ich irgendwo herum, oder unser Hinterhaus steht in Flammen, oder sie kommen des Nachts, um uns wegzuholen.

Ich fühle das alles wie Wirklichkeit und komme nicht von dem Gedanken los, daß gleich etwas Schreckliches passieren muß.

Miep sagt oft, daß sie uns beneidet, weil wir hier Ruhe haben. Im Prinzip hat sie recht, aber sie denkt nicht daran, daß wir immer in Angst leben. Daß die Welte je wieder so für uns wird wie sie war, kann ich mir kaum vorstellen. Ich sage wohl häufig: ,,Nach dem Krieg!" Aber das ist dann, als spräche ich von einem Luftschloß,

von neuem anew, all over again
das Mädel —s (coll.) girl

eine Frage stellen to ask a question

das Nötigste the necessaries

bunt durcheinander motly confusion

schleppen to lug, over-exert oneself
der auffallende gelbe Stern the conspicuous yellow star

instand setzen to fix, put into order

herum-irren to wander around
des Nachts in the night

im Prinzip in principle, basically

über etwas, das nie Wirklichkeit werden kann. An unser Leben zu Haus, die Freundinnen, die Schule mit ihren Freuden und Leiden, an alles „Frühere" denke ich mit dem Empfinden, als hätte nicht ich, sondern jemand anders das erlebt!

Ich sehe uns acht hier im Hinterhaus, als wären wir auf einem lichten Stück blauen Himmels inmitten schwerer, dunkler Regenwolken. Noch ist unser Platz sicher, aber die Wolken werden immer dichter und der Ring, der uns noch von der nahenden Gefahr trennt, immer enger. Schließlich sind wir so eingehüllt von der Dunkelheit, daß wir in dem verzweifelten Wunsch, uns befreien zu wollen, aneinandergeraten. Wir sehen unten, wie die Menschen gegeneinander kämpfen, und blicken hinauf, wo Glück und Ruhe ist. Wir aber sind abgeschnitten durch die dicke, undurchdringliche Schicht, die uns den Weg dahin versperrt und uns umgibt wie eine unüberwindliche Wand, die uns zerschmettern wird, wenn es an der Zeit ist. Und ich kann nur rufen und flehen: „Oh, Ring, Ring, werde weiter und öffne dich für uns!"

Dienstag, 11. April
Wir Juden dürfen unseren Gefühlen nicht folgen, müssen mutig und stark sein, müssen unser Schicksal ohne Murren auf uns nehmen, müssen tun, was in unserer Macht liegt, und auf Gott vertrauen. Einmal wird dieser schreckliche Krieg doch wohl aufhören, einmal werden wir auch wieder Menschen und nicht allein Juden sein.

Wer hat uns das auferlegt? Wer hat uns Juden diese Ausnahmestellung unter den Völkern gegeben? Wer hat uns bisher so leiden lassen? Es ist Gott, der uns so gemacht hat, und es wird auch Gott sein, der uns erlöst. Wenn wir all dies Leid tragen und dann immer noch Juden übrigbleiben, könnten sie einmal von Verdammten zu Vorbildern werden. Wer weiß, vielleicht wird es noch unser Glaube sein, durch den die Welt und alle Völker das Gute lernen, und dafür, dafür allein müssen wir auch leiden. Wir können nicht allein Niederländer, Engländer oder Vertreter welchen Landes auch sein, wir sollen dabei immer Juden bleiben, und wir wollen es auch bleiben.

Bleibt mutig! Wir wollen uns unserer Aufgabe bewußt bleiben und nicht murren, es wird ein Ausweg kommen. Gott hat unser Volk noch nie im Stich gelassen! Durch alle Jahrhunderte hin sind Juden am Leben geblieben. Durch alle Jahrhunderte hin mußten Juden leiden, aber durch alle Jahrhunderte hin sind sie auch stark gewesen. Die Schwachen fallen, aber die Starken werden bleiben und nicht untergehen!!

im Stich lassen (coll.) to leave in the lurch, let down

In dieser Nacht dachte ich eigentlich, daß ich sterben müßte. Ich wartete auf die Polizei, war bereit wie die Soldaten auf dem Schlachtfeld. Ich wollte mich gern opfern für das Vaterland, aber nun, nachdem ich gerettet bin, ist mein erster Wunsch **nach** dem Krieg, Niederländerin zu werden.

Ich liebe die Niederländer, liebe unser Land, ich liebe

die Sprache und möchte hier arbeiten. Und wenn ich an die Königin selbst schreiben müßte, ich würde nicht weichen, ehe ich mein Ziel erreicht hätte!

Immer unabhängiger werde ich von meinen Eltern. So jung ich bin, habe ich mehr Lebensmut, reineres und sichereres Rechtsgefühl als Mutter. Ich weiß, was ich will, habe ein Ziel, eine Meinung, habe einen Glauben und eine Liebe. Laßt mich so sein, wie ich bin, dann bin ich zufrieden. Ich weiß, daß ich eine Frau bin, eine Frau mit innerer Kraft und viel Mut.

Wenn Gott mich am Leben läßt, werde ich mehr erreichen als Mutter je erreichte. Ich werde nicht unbedeutend bleiben. Ich werde in der Weit und für die Menschen arbeiten!

Und nun weiß ich, daß vor allem Mut und Frohsinn das Wichtigste sind!

Samstag, 15. Juli 1944

Ist es denn wahr, daß die Erwachsenen es hier schwerer haben als die Jugend? Nein, das ist sicher nicht wahr! Ältere Menschen haben eine Ansicht über alles und schwanken nicht mehr mit ihrem Handeln im Leben. Wir Jüngeren haben doppelte Mühe, unsere Ansichten zu behaupten in einer Zeit, in der alle Ideale vernichtet und zerstört werden, wo die Menschen sich von ihrer häßlichen Seite zeigen, wo gezweifelt wird an der Wahrheit, am Recht, an Gott!

Jemand, der dann behauptet, daß die Älteren im Hinterhaus es viel schwerer haben, macht sich sicher nicht klar, in wieviel stärkerem Maße die Probleme auf uns einstürmen, Probleme, für die wir vielleicht noch viel zu jung sind, die sich uns aber gewaltsam aufdrängen, bis wir nach langer Zeit meinen, eine Lösung gefunden zu haben, eine Lösung, die meistens keinen Bestand hat gegen die Tatsachen, die dann doch ganz anders sind. Das ist das Schwierige an dieser Zeit: Ideale, Träume, schöne Erwartungen kommen bei uns noch nicht auf, oder sie werden, getroffen durch die greuliche Wirklichkeit, total zerstört.

Es ist ein Wunder, daß ich alle meine Hoffnungen noch nicht aufgegeben habe, denn sie erscheinen absurd und unerfüllbar. Doch ich halte daran fest, trotz alldem, weil ich noch stets an das Gute im Menschen glaube. Es ist mir nun einmal nicht möglich, alles auf der Basis von Tod, Elend und Verwirrung aufzubauen. Ich sehe, wie die Welt langsam mehr und mehr in eine Wüste verwandelt wird, ich höre immer stärker den anrollenden Donner, der auch uns töten wird, ich fühle das Leid von Millionen Menschen mit, und doch, wenn ich nach dem Himmel sehe, denke ich, daß alles sich wieder zum Guten wenden wird, daß auch diese Härte ein Ende haben muß und wieder Friede und Ruhe die Weltordnung beherrschen werden.

Inzwischen muß ich meine Ideale hochhalten; in den Zeiten, die kommen, werden sie dann vielleicht doch noch ausführbar sein.　　　　　　　　　　　　　Anne

in stärkerem Maße to a greater degree

das Schwierige an + Dat. the difficult thing about

I
(a) Warum erschrak man über den Aufruf?
(b) Wie war der Plan, unterzutauchen, entstanden?
(c) Wieviele wohnten im Hinterhaus?
(d) Was gab ihr noch Mut, Hoffnungen für die Zukunft zu hegen?
(e) Warum fand sie, daß die Jugendlichen im Hinterhaus es genauso schwer hatten wie die älteren Menschen?
(f) Welchen Glauben hat sie behalten können?

II *Finden Sie im Text einen Satz, der darauf hinweist, daß*
(a) das Mädchen große Tapferkeit besaß.
(b) das Hinterhaus sehr unbequem war.
(c) die Verfolgung der Juden ihr ganz unbegreiflich war.
(d) die Franks früher als erwartet bei den Van Daans Zuflucht finden mußten.
(e) sie einen tiefen religiösen Glauben hatte.

III *Suchen Sie im Text Ausdrücke, die folgendes bedeuten*
es ist, als ob die Welt sich geändert hätte
das ist das Wichtigste
was sich seit Sonntag zugetragen hat
es hat geklingelt
ich stellte mir einsame Zellen vor
es war ohne Wirkung
ich bedaure es nicht
vollgestopft

der gelbe Stern, der jedem ins Auge fiel
sie erzählten mir sehr ausführlich
schon seit Monaten
wir mußten damit zufrieden sein
unaufhörlich
ich starb fast vor Angst
in der Nacht
ich kann den Gedanken nicht loswerden
im Grunde

IV *Verbinden Sie folgende Satzpaare durch die angegebenen Verbindungswörter*
(a) (als) Er war weg. Sie kamen herein und schlossen die Tür hinter sich ab.
(b) Ich hatte nichts gehört. (weil) Ich lag gemütlich faul auf der Veranda im Liegestuhl und las.
(c) Nun waren wir gerade so weit. (daß) Wir wollten freiwillig am 16. Juli verschwinden.
(d) (wenn) Ich müßte an die Königin selbst schreiben. Ich würde nicht weichen, ehe ich mein Ziel erreicht hätte.
(e) (wenn) Ich sehe nach dem Himmel. Ich denke, daß alles sich wieder zum Guten wenden wird.

V *Versuchen Sie folgende Wörter mit Ihren eigenen Worten zu erklären*
Ideale Mut Altersheim Konzentrationslager

---

18 MARION GRÄFIN DÖNHOFF *(1909-   ) was born in Friedrichstein, Eastern Prussia. Her aristocratic ancestors settled in the region in the 14th century and she still bears their title:* Gräfin (Duchess). *She studied economics at Frankfurt and received her doctorate at Basle in 1935. From 1936 to 1939 she administed her family's estates and 1945 fled to the West. Since 1946 she has been on the editorial staff of Germany's most influential newspaper* Die Zeit *and is now editor-in-chief. This present extract is taken from her best-seller* Namen die keiner mehr nennt *(1962) which deals with the history of Eastern Prussia and its peoples.*

Flucht aus Ostpreußen

Es war 3 Uhr morgens. Den genauen Tag weiß ich nicht mehr, denn jene Tage waren ein einziges großes Chaos, das sich der kalendarischen Ordnung entzog. Aber daß es 3 Uhr morgens war, weiß ich, weil ich aus irgendeinem, vielleicht einem dokumentarischen Bedürfnis oder auch nur aus Ratlosigkeit nach der Uhr sah.

Seit Tagen war ich in der großen Kolonne der Flüchtlinge, die sich von Ost nach West wälzte, mitgeritten.
Hier in der Stadt Marienburg nun war der Strom offenbar umgeleitet worden, jedenfalls befand ich mich
plötzlich vollkommen allein vor der großen Brücke. War
dieser gigantische Auszug von Schlitten, Pferdewagen,
Treckern, Fußgängern und Menschen mit Handwagen,
der die ganze Breite der endlosen Chausseen Ostpreußens   **Ostpreußen** Eastern Prussia
einnahm und der langsam, aber unaufhaltsam dahinquoll
wie Lava im Tal, schon gespenstisch genug, so war die
plötzliche Verlassenheit fast noch erschreckender.

Vor mir lag die lange Eisenbahnbrücke über die Nogat.
Altmodische hohe Eisenverstrebungen, von einer einzigen   **die Eisenverstrebung** iron-strut, bracing
im Winde schwankenden Hängelampe schwach erleuchtet
und zu grotesken Schatten verzerrt. Einen Moment
parierte ich mein Pferd, und ehe dessen Schritt auf dem
klappernden Bretterbelag alle anderen Geräusche   **das Bretterbelag** plank covering
übertönte, hörte ich ein merkwürdig rhythmisches,
kurzes Klopfen, so als ginge ein dreibeiniges Wesen
schwer auf einen Stock gestützt ganz langsam über den
hallenden Bretterboden. Zunächst konnte ich nicht recht
ausmachen, um was es sich handelte, aber sehr bald sah
ich drei Gestalten in Uniform vor mir, die sich langsam
und schweigend über die Brücke schleppten: Einer ging
an Krücken, einer am Stock, der dritte hatte einen
großen Verband um den Kopf, und der linke Armel seines
Mantels hing schlaff herunter.

Man habe es allen Insassen des Lazaretts freigestellt,   **es j-m freistellen** to leave it to someone (to decide)
sich aus eigener Kraft zu retten, sagten sie, aber von
etwa tausend Verwundeten hätten nur sie drei diese
„Kraft" aufgebracht, alle anderen seien nach tagelangen
Transporten in ungeheizten Zügen ohne Essen und
ärztliche Versorgung viel zu kaputt und apathisch, um
diesem verzweifelten Rat zu folgen. Rat? Eigene Kraft?
Die russischen Panzer waren höchstens noch 30 km,
vielleicht auch nur 20 km von uns entfernt; diese drei
aber waren nicht imstande, mehr als zwei Kilometer in
der Stunde zurückzulegen. Überdies herrschten 20
bis 25 Grad Kälte — wie lange also würde es dauern, bis   **25 Grad Kälte** 25 degrees below
der Frost sich in die frischen Wunden hineinfraß?

Hunderttausende deutscher Soldaten waren in diesen
letzten sect Monaten elendiglich umgekommen,
verreckt, zusammengeschossen oder einfach erschlagen   **zusammengeschossen** shot-up (to pieces)
worden — und diese drei würden das gleiche Schicksal
haben, gleichgültig, ob sie nun im Lazarett geblieben   **gleichgültig, ob . . .** regardless of whether
wären oder ob sie sich entschlossen hatten, noch ein paar
Kilometer weiter nach Westen zu marschieren. Die
einzig offene Frage schien mir, ob ihr Schicksal sie schon
heute oder erst morgen ereilen würde.
Mein Gott, wie wenige in unserem Lande hatten sich das
Ende so vorgestellt. Das Ende eines Volkes, das ausge-
zogen war, die Fleischtöpfe Europas zu erobern und die   **die Fleischtöpfe Europas** the flesh-pots of Europe
Nachbarn im Osten zu unterwerfen. Denn das war doch
das Ziel, jene sollten für immer die Sklaven sein, diese
wollten für immer die Herrenschicht stellen.   **die Herrenschicht stellen** to provide the ruling class

Noch bis vor wenigen Monaten war immer von neuem versichert worden, kein Fußbreit deutschen Landes werde je dem Feinde preisgegeben werden. Aber als die Russen schließlich die ostpreußische Grenze überschritten hatten, da hieß es, jetzt müsse sich die Bevölkerung wie ein Mann erheben; der Führer, der seine Wunderwaffe eigentlich erst im nächsten Jahr hätte einsetzen wollen, um Rußland dann endgültig zu vernichten, wolle sich entschließen, sie schon jetzt vorzeitig zur Anwendung zu bringen. Der Endsieg sei nur eine Frage des Willens. So die Führung. Und die Wirklichkeit?

Für mich war dies das Ende Ostpreußens: drei todkranke Soldaten, die sich über die Nogat-Brücke nach Westpreußen hineinschleppten. Und eine Reiterin, deren Vorfahren vor 700 Jahren von West nach Ost in die große Wildnis jenseits dieses Flusses gezogen waren und die nun wieder nach Westen zurückritt — 700 Jahre Geschichte ausgelöscht.

Die Tage, die nun kamen, waren schlimmer als alles, was wir bisher erlebt hatten.

Das Thermometer war noch weiter gesunken, und dazu hatte sich ein orkanartiger Ostwind aufgemacht. Als wir einen geschützten Hohlweg hochritten, sahen wir in der Ferne jenseits eines Feldes wieder den großen Heerwurm auf der Landstraße vor uns. Es schneite nicht, aber die ganze Luft wirbelte von Schnee. Wie durch einen dicken weißen Schleier sah man die unglücklichen Menschen langsam, ganz langsam vorwärts kriechen, die Mäntel vom Winde vorwärtsgepeitscht, viele Dachkonstruktionen der Treckwagen waren zusammengebrochen. Wir reihten uns ein in diesen Gespensterzug und sahen die ersten Toten am Weg liegen. Niemand hatte die Kraft, die Zeit oder die Möglichkeit, sie zu begraben.

Und so ging es tagelang — wochenlang. Von rechts und links stießen immer neue Fahrzeuge, immer mehr Menschen hinzu.

Viele dieser Bilder werde ich nie vergessen. Irgendwo unterwegs — ich glaube zwischen Bütow und Berent — war eine Stelle, wo man drei Kilometer voraus und drei Kilometer zurück die schnurgerade Chaussee überblicken konnte. Auf diesen sechs Kilometern sah ich keinen Quadratmeter Straße, nur Wagen, Pferde, Menschen und Elend. Niemand sprach. Man hörte nur das Knirschen der allmählich trocken werdenden Räder.

Und einmal, wir kamen gerade ein bißchen besser voran und waren an vielen Wagen vorbeigeritten, sahen wir plötzlich nur noch französische Gefangene. Es waren Hunderte und aber Hunderte, vielleicht Tausende. Viele hatten unter ihre Pappköfferchen zwei Holzleisten als Kufen genagelt und zogen ihr Gepäck an einem Bindfaden hinter sich her. Sie sprachen kein Wort. Man hörte nur das kratzende, scharrende Geräusch der Kästen und Koffer. Und rundherum endlose Schnee-Einsamkeit wie beim Rückzug der Grande Armee vor 130 Jahren.

Manch einer in Pommern hatte uns fast ein wenig

kein Fußbreit not an inch

sich aufmachen to get oneself up, to rise up

hinzustoßen to join (element of 'additionally' is emphasized)

Knirschen to grind

Hunderte und aber Hunderte hundreds upon hundreds

Pappköfferchen little suitcases made of cardboard

Pommern Pommerania

neidisch zum Abschied gewinkt. Manch einer hätte gern
wenigstens die Kinder und jungen Mädchen und ein paar
Wertsachen mit uns auf den Weg geschickt. Aber auch
hier wieder das gleiche: Es war streng verboten. Und
Leute, die aus vermeintlichem Patriotismus denunzierten,
gab es überall, darum wagte niemand, dem Verbot
zuwiderzuhandeln. Noch nie hat der Führer eines
Volkes so gründlich das Geschäft des Gegners betrieben,
noch nie hat ein oberster Kriegsherr seine Soldaten durch
so dilettantisches Führen selbst zu Hunderttausenden in
den Tod getrieben: noch nie hat derjenige, der behauptete,
Landesvater zu sein, sein Volk eigenhändig an die
Schlachtbank geschmiedet und jedes Entrinnen
verhindert. Er, der meinte, der deutsche Lebensraum sei
zu klein, er der ausgezogen war, ihn zu erweitern, hatte
Millionen Deutscher ihrer vielhundertjährigen Heimat
beraubt und Deutschland auf ein Minimum reduziert.

    Also ging es wieder weiter — ,,ankommen'', das war
offenbar eine Vokabel, die man aus seinem Wortschatz
streichen mußte. Es ging weiter durch die Mark, durch
Mecklenburg, Niedersachsen nach Westfalen. Drei
große Flüsse, die einmal unser östliches Deutschland
charakterisierten, hatte ich überquert: Weichsel, Oder,
Elbe. Bei Vollmond war ich aufgebrochen, inzwischen
war Neumond, wieder Vollmond und wieder Neumond
geworden.

    Im tiefsten Winter war ich zu Haus vom Hof geritten;
als ich schließlich bei Metternichs in Vinsebeck in Westfalen ankam, war es Frühling. Die Vögel sangen. Hinter
den Drillmaschinen staubte der trockne Acker. Alles
rüstete sich zu neuem Beginn. Sollte das Leben wirklich
weitergehen — so als sei nichts passiert?

ausziehen to set out

die Mark lit.: marshland; region of
Brandenburg

Niedersachsen, Westfalen Lower Saxony,
Westphalia

aufbrechen to set out, start off

I   (a) Warum befand sich die Erzählerin in einer westwärts marschierenden Kolonne?
     (b) Warum wurde sie bei Marienburg von der Gruppe
abgeschnitten?
     (c) Was sieht sie beim Überqueren der Brücke?
     (d) Warum befanden sich die Leute dort auf der Brücke?
     (e) Wie hatte man offiziell in letzter Zeit die Kriegslage
ausgelegt?
     (f) Was verkörperten für die Erzählerin die drei
Verwundeten?
     (g) Wie verschlimmerte sich der Zustand der
Flüchtlinge?
     (h) Mit welchem Bild veranschaulicht sie die
Flüchtlingsschar?
     (i) Wer hatte schuld an der Lage?
     (j) Wie fühlte sie sich, als sie endlich an ihr Reiseziel
gelangte?

II *Suchen Sie im Text Sätze, die folgendes ausdrücken*
     (a) Fast niemand in Deutschland hätte gedacht, daß
der Krieg solche Folgen haben würde.
     (b) Die Zahl der Kriegsgefangenen war unübersehbar.
     (c) Ihre Reise hatte fast sechs Monate gedauert.
     (d) Im Schneesturm kamen die Menschen nur mit
größter Anstrengung voran.
     (e) Andere Menschen wären auch gern geflüchtet aber
dummerweise gab es unter ihnen manche, die noch
der Regierung treu blieben.
     (f) Es war das Kriegsziel der Nazis gewesen, die
Nachbarvölker zu versklaven.
     (g) Es stellte sich heraus, daß Hitler selbst den
größten Feind der Deutschen darstellte.

III *Schreiben Sie Adjektive, die man aus folgenden*
Wörtern bilden kann

der Arzt	das Schicksal	die Verzweiflung
das Geräusch	das Chaos	der Sieg
der Westen	Ostpreußen	der Patriotismus
das Bild	schneien	das Entrinnen

IV *Schreiben Sie im Passiv*
(a) Sie sprachen kein Wort.

(b) Drei große Flüsse hatte ich überquert.
(c) Die Russen, hatten schließlich die ostpreußische
Grenze überschritten.
(d) Noch nie hat der Führer eines Volkes so gründlich
das Geschäft des Gegners betrieben.

V *Beschreiben Sie eine Flüchtlingskolonne!*

---

19 GÜNTER GRASS *(1927-   ) was born in Danzig, now a
Polish city, which figures as the backdrop for much of his prose.
His father was a small grocer and while Grass was still a primary
school student Hitler came to power, so that his formative years
were spent in the Hitler Youth Organisation and later on active
military service. In 1946 he was released by the Americans and
was still only 18 years of age. In 1947 he went to Düsseldorf and
studied art. In 1953 he moved to West Berlin intent on making a
career as a sculptor, but by 1959 when his first novel* Die
Blechtrommel *was published it was clear his talent was primarily
a literary one. This work brought immediate fame and recognition.
Subsequent major prose works:* Katz und Maus *(1961) from
which this extract comes,* Hundejahre *(1963) and* Örtlich
betäubt *(1969) have firmly established him as one of Germany's
most important and gifted post-war writers. He has also
published a great deal of poetry, both lyrical and political. As an
outspoken critic of social and political policies and an avowed
supporter of the Socialist party he is often seen and quoted in
the news media.*

Der Ritterkreuzträger

Als zum erstenmal ein ehemaliger Schüler und
Abiturient unserer Schule von der Front zurückkam,
unterwegs den Führerhauptquartier einen Besuch abge-
stattet und nun den begehrten Bonbon am Hals hatte,
rief uns, mitten im Unterricht, ein besonderes Klingel-
zeichen in die Aula. Wie nun der junge Mann am
Kopfende des Saales, vor drei hohen Fenstern, vor
großblättrigen Topfpflanzen und dem Halbkreis des
versammelten Lehrerkollegiums, nicht etwa hinter dem
Katheder, sondern mit dem Bonbon am Hals neben dem
altbraunen Kasten stand und über unsere Köpfe mit
kleinem hellrotem Kußmund hinwegsprach, auch er-
läuternde Bewegungen machte, sah ich, wie Joachim
Mahlke, der eine Reihe vor mir und Schilling saß, seine
Ohren durchsichtig werden, hochrot anlaufen ließ, sich
steif zurücklehnte, dann links rechts mit Händen am Hals

der Ritterkreuzträger bearer of the **Ritterkreuz**
(a high military decoration)

der Bonbon sweet, lolly (sl. for 'medal')

Kußmund cherubic, kissable mouth

nestelte, würgte, endlich etwas unter die Bank warf: Wolle, Puscheln, die Bällchen, grün rot gemischt, glaube ich. Und da er seinen Mund anfangs etwas zu leise aufmachte, ein Leutnant der Luftwaffe, sprach stockend, auf die sympathisch unbeholfene Art und errötete mehrmals, ohne daß seine Rede den Anlaß gegeben haben konnte: ».. . nun müßt Ihr nicht denken, das läuft wie ne Karnickeljagd, mit drauf und los und hastenichjesehn. Oft wochenlang nichts. Aber als wir an den Kanal — dachte ich, wenn hier nicht, dann nirgends. Und es klappte. Gleich beim ersten Einsatz kam uns ein Verband mit Jagdschutz vor die Nase, und das Karussell, sag ich, mal über mal unter den Wolken, war perfekt: Kurvenflug. Ich versuche mich höherzuschrauben, unter mir kreiseln drei Spitfire, schirmen sich ab denke, wär doch gelacht, wenn nicht, stoße steil von oben, hab ihn drinnen, und da zeigt er schon Spuren, kann noch gerade meine Mühle auf die linke Tragflächenspitze, als ich auch schon eine zweite im Gegenkurs kommende Spitfire im Visierkreis, halte auf Propellernabe, er oder ich; na, wie Ihr seht, er mußte in den Bach, und ich dachte mir, wenn du schon zwei hast, versuch es doch mal mit dem dritten und so weiter, wenn nur der Sprit reicht. Und da wollen sie auch schon unter mir, sieben im aufgelösten Verband abschwirren, ich, immer die liebe Sonne hübsch im Rücken, picke mir einen raus, der bekommet seinen Segen, wiederhole die Nummer, klappt auch, zieh den Knüppel nach hinten bis zum Anschlag, als mir der dritte vor die Spritze: schert nach unten aus, muß ihn erwischt haben, instinktiv hinterdrein, bin ihn los, Wolken, hab ihn wieder, drück nochmal auf die Tube, da routiert er im Bach, aber auch ich bin kurz vorm Badengehen: weiß wirklich nicht mehr, wie ich die Mühle hochbekommen habe. Jedenfalls als ich bei uns zu Hause angewackelt komme — wir Ihr sicher wißt oder in der Wochenschau gesehen habt, wackeln wir mit den Tragflächen, wenn wir was runtergeholt haben — bekomm ich das Fahrwerk nich raus, klemmte. Und so mußte ich meine erste Bauchlandung. Später, in der Kantine: ich hätte einwandfrei sechs, hatte natürlich während nicht mitgezählt, war natürlich viel zu aufgeregt gewesen, natürlich war die Freude groß, aber gegen vier mußten wir nochmal hoch, kurz und gut: das verlief beinahe wie früher, wenn wir hier auf unserem guten alten Pausenhof — denn den Sportplatz gab es noch nicht — Handball spielten. Vielleicht wird sich Studienrat Mallenbrandt erinnern: entweder warf ich kein Tor oder gleich neun Tore; und so war es auch an dem Nachmittag: zu den sechs vom Vormittag kamen noch drei weitere; das war mein neunter bis siebzehnter; aber erst ein gutes halbes Jahr später, als ich die vierzig voll hatte, wurde ich von unserem Chef, und als ich dann ins Führerhauptquartier, hatte ich schon vierundvierzig auf der Latte; denn wir am Kanal kamen kaum raus aus den Mühlen, blieben gleich, während das Bodenpersonal,

nesteln to nestle
Puscheln little bundles

Karnickel = Kaninchen rabbit
mit drauf und los und hast-du-nicht-gesehen "there it is, off and where's it gone?"

es klappte (sl.) it came off
das Karussel merry-go-round
Kurvenflug flying in curves
sich höherschrauben to spiral higher/upwards
wär doch gelacht, wenn nicht, it would be silly if I didn't (forced boasting)
hab ihn drinnen (sl.) got him in my sights
da zeigt er schon Spuren already (smoke) traces are visible
im Visierkreis in my sights
die Propellernabe (tech.) airscrew boss
der Bach (sl.) creek (cf. RAF jargon: "ditch" English Channel)

der Sprit (sl.) fuel, gas
hübsch (sl.) nicely
bekommt seinen Segen lit. gets his blessing (i.e. is dispatched)
die Nummer (sl.) 'number' referring to a number in, say, a variety show
der Knüppel (sl.) joystick (lit. 'club')
der Anschlag (tech.) base, limit
die Spritze (sl.) machine-gun controlled with a button
erwischen (sl.) to get (i.e. destroy)
die Tube (sl.) machine-gun
routieren lands (unusual verb from e Route - route)
baden-gehen (sl.) to take a dip (i.e. to crash)
die Mühle (sl.) machine (lit. 'mill')
die Wochenschau cinema newsreel
runter-holen (sl.) to fetch something down (i.e. to destroy)
während (the object of the preposition — e.g. dessen (all that) — is missing; sl.)
hoch müssen (sl.) to have to go up, make another flight
kurz und gut in short
der Pausenhof the school yard
der Studienrat lit. 'counsellor for studies' (secondary school teacher)

auf der Latte (sl.) on the board (lit. 'Latte' is equivalent to 'prop'; — planes downed by a pilot were apparently recorded thereon)

nicht jeder hat das durchhalten können; will nun aber mal zur Abwechslung was Lustiges: Auf jedem Fliegerhorst gibt es einen Staffelhund. Und als wir eines Tages unserem Staffelhund Alex, weil gerade allerschönstes Wetter war . . . "

So etwa äußerte sich jener hochdekorierte Leutnant, gab zwischen zwei Luftkämpfen, als Einlage, die Geschichte des Staffelhundes Alex, der das Abspringen mit dem Fallschirm lernen mußte, auch das Anekdötchen vom Obergefreiten, der bei Alarm immer zu spät aus den Wolldecken kam und mehrmals im Schlafanzug seine Einsätze fliegen mußte.

Der Leutnant lachte mit, wenn die Schüler, sogar die Primaner, lachten und einige Lehrer sich das Schmunzeln erlaubten. Er hatte sechsunddreißig in unserer Schule das Abitur gemacht und wurde im Jahre dreiundvierzig über dem Ruhrgebiet abgeschossen. Dunkelbraune, ungescheitelte und straff zurückgekämmte Haare hatte er, war nicht besonders groß, eher ein zierlicher, in einem Nachtlokal servierender Kellner. Beim Sprechen hielt er eine Hand in der Tasche, zeigte die versteckte Hand aber sofort, wenn ein Luftkampf geschildert und mit beiden Händen anschaulich gemacht werden sollte. Dieses Spiel mit durchgedrückten Handflächen beherrschte er nuancenreich, konnte, während er aus den Schultern heraus lauerndes Kurvenfliegen mimte, auf lange erklärende Sätze verzichten, streute allenfalls Stichworte und überbot sich, indem er Motorengeräusche vom Starten bis zum Landen in die Aula röhrte oder stotterte, wenn ein Motor defekt war. Man konnte annehmen, daß er diese Nummer im Kasino seines Fliegerhorstes geübt hatte, zumal das Wörtchen Kasino: "Wir saßen alle friedlich im Kasino und hatten . . . Gerade als ich ins Kasino will, weil ich . . . Bei uns im Kasino hängt . . . " in seinem Mund zentrale Bedeutung hatte. Aber auch sonst, und abgesehen von den Schauspielerhänden, wie vom naturgetreuen Geräuschemachen, war sein Vortrag recht witzig, weil er es verstand, einen Teil unserer Studienräte, die schon zu seiner Zeit dieselben Spitznamen gehabt hatten wie zu unserer Zeit, auf die Schippe zu nehmen. Blieb aber immer nett, lausbubenhaft, bißchen Schwerenöter, ohne große Angabe, sprach, wenn er etwas unerhört Schwieriges geleistet hatte, nie von Erfolg, immer von seinem Glück: "Bin eben ein Sonntagsjunge, schon in der Schule, wenn ich an gewisse Versetzungszeugnisse denke. . . " und mitten aus einem Pennälerscherz heraus gedachte er dreier ehemaliger Klassenkameraden, die, wie er sagte, nicht umsonst gefallen sein dürften, beendete aber seinen Vortrag nicht mit dem Namen der drei Gefallenen, sondern leichthin mit dem Bekenntnis: "Jungs, das sage ich Euch: Wer draußen im Einsatz steht, denkt immer wieder gerne und oft an die Schulzeit zurück!"

Wir klatschten lange, grölten und trampelten. Erst als meine Hände brannten und hart waren, bemerkte ich,

---

zur Abwechslung (just) for a change.

der Fliegerhorst (sl.) air-base (Lit. **Flieger** = pilot (s) and **Horst** = eagle's nest)

der Staffelhund mascot (dog) (lit. **e Staffel** = staff)

das Anekdötchen diminutive of **die Anekdote**

der Primaner sixth-former

das Abitur matriculation or secondary school finals

anschaulich machen to explicate

mit durchgedrückten Handflächen with the palms of the hand pressed outwards

nuancenreich full of nuances

röhren to bellow, roar (noise made by a stag)

abgesehen von not to mention

jemanden auf die Schippe nehmen (sl.) to pull someone's leg

lausbubenhaft like a young scamp, rogue (adjective for **r Lausbube**)

der Schwerenöter (sl.) Romeo, wolf

der Sonntagsjunge (the normal form is **Sonntagskind** and refers to the popular semi-serious notion that people born on a Sunday are lucky — ie. 'lucky fellow')

der Pennälerscherz schoolboy's (**r Pennäler**) joke, prank

gefallen (**fallen** can refer to dying in the field, ec. English: 'those fallen in battle')

daß sich Mahlke zurückhielt und keinen Beifall in
Richtung Katheder spendete.

Vorne schüttelte Oberstudienrat Klohse auffallend
heftig und solange geklatscht wurde, beide Hände seines
ehemaligen Schülers. Dann faßte er den Leutnant anerkennend bei den Schultern, ließ plötzlich von der
schmächtigen Figur, die sogleich ihren Platz fand, ab und
stellte sich hinters Katheder.

Die Rede des Direktors dauerte. Langeweile breitete
sich von den wuchernden Topfpflanzen bis zu dem
Ölbild an der Rückwand der Aula, das den Stifter der
Schule, einen Freiherrn von Conradi, darstellte. Auch
der Leutnant, schmal zwischen den Studienräten Brunies
und Mallenbrandt, schaute immer wieder auf seine
Fingernägel. Klohses kühler Pfefferminzatem, der alle
seine Mathematikstunden durchwehte und den Geruch
reiner Wissenschaft vertrat, half in dem hohen Saal wenig.
Von vorne kamen Worte knapp bis zur Mitte der Aula::
„Jenedienachunskommen — Undindieserstunde —
Wandererkommstdu — Dochdiesmalwirddieheimat —
Undwollenwirnie — flinkzähhart — sauber — sagteschon
— sauber — Undwernichtdersoll — Undindieserstunde —
sauberbleiben — Mitschillerwortschließen —
Setzetnichtlebenein niewirdeuchgewonnensein —
Undnunandiearbeit!"

Wir waren entlassen und hingen, zwei Trauben, vor
den zu engen Ausgängen der Aula.

anerkennend in recognition

knapp bis (sl.) barely up to (lit. **knapp** = scarce,
scanty)

Jenedienachunskommen 'jene, die nach uns
kommen' is a stylistic device to convey boring
pomposity)

Wanderer kommst du (nach Sparta) lines
commemorating the attempt to defend
Thermopylae against the Persians

mit Schiller-Wort schließen to close with the words
of Schiller ie: high-sounding, serious and
moralistic expressions)

I (a) Warum befanden sich die Schüler in der Aula?
   (b) Von welchen Abenteuern berichtete der Gastredner?
   (c) Wie wurden die gefährlichen Situationen beschrieben?
   (d) Warum war ihm ein Besuch beim Führer gestattet
        worden?
   (e) Was pflegte ein gewisser Obergefreiter zu tun?
   (f) Welchen Eindruck machte sein Vortrag bei den
        Lehrern und bei den Schülern?
   (g) Mit welcher Stimmung endete der Redner?
   (h) Beschreiben Sie die Dankrede des Schuldirektors!

II *Suchen Sie eine Stelle im Text, die darauf hinweist, daß*
   (a) der Leutnant keine große Redekunst besaß.
   (b) einige Jungen nicht konzentriert zuhörten.
   (c) der Redner oft gestikuliert hat.
   (d) ein Lehrer, der den Leutnant früher unterrichtet
        hatte, besonders gerührt von der Rede gewesen war.
   (e) die Rede des Direktors besonders eintönig war.

III *Suchen Sie im Text Beispiele der besonderen
     Fliegersprache*
     (z.B. "Bach" = Meer)

IV *Finden Sie im Text Synonyme zu den folgenden
    Wörtern*

vollkommen	der Offiziersklub
der Kampf	der Gründer der Schule
beschreiben	der Oberschullehrer
sterben (als Soldat)	der Applaus
blicken auf	es gelang
das Kaninchen	erklären

V *Beschreiben Sie eine Versammlung in Ihrer Aula!
   Oder:
   Nehmen Sie Stellung zu einem der folgenden Zitate:*
   (a) „Die Schule ist ein Instrument der Ideologie."
   (b) „Vom Baum des Lebens in die Konservenfabrik
        der Zivilsation — das ist der Weg, der vor euch liegt."
        (Erich Kästner: *Ansprache zum Schulbeginn.*)
   (c) „Heldentum ist ein überholter Begriff."

V Reisen

20 HEINRICH HAUSER *(1901-1955) was born in Berlin. He emigrated to the U.S. in 1938, returning to Germany 10 years later. He is fairly well-known as a capable writer of sea-stories, travel books and as the author of polemical writings against Hitler (e.g.* The German Talks Back, *1945). This excerpt is from* Australien. Der fünfte Kontinent, *published in the early 1950's.*

Im toten Herzen Australiens

Zentralaustralien ist so groß wie Deutschland und hat — vierhundert Einwohner. Die Haupstadt Alice-Springs hat vierzig Einwohner, eine einzige, im ganzen Staat berühmte Badewanne, zwei steinerne Häuser: Hotel und Hospital. Von einem Einwohner dieser Hauptstadt wird gesagt, daß er nach seinem Tode in die Hölle kam, aber nach Alice-Springs zurückkehrte, um seinen Wintermantel zu holen. Weil es ihm nämlich im Fegefeuer zu kalt war.

Es ist kein Wunder, daß Menschen in so ungeheurer Einsamkeit, wie sie zum Beispiel auf den Telegrafenstationen herrscht, weltfremde Sonderlinge werden. Manche hassen Besuch und laufen davon, sobald sich jemand nähert, der Besucher findet dann eine leere Wellblechhütte vor.

Es scheint, daß das Land im Innern mehr und mehr austrocknet. Statt eines normalen Regenfalles von sieben Zoll ist in den letzten Jahren nur die Hälfte gefallen.   **Zoll** inch
Viele Weidegüter werden wieder aufgegeben; wenn nämlich der Besitzer, auf Händen und Füßen über seinen Boden kriechend, in einer halben Stunde nur sechs Grashälmchen findet, dann entdecken die Rinder auch   **der Grashalm -e** blade of grass
nicht viel mehr.

Das Wunderbare am Reisen in diesem Land ist, daß man überall ,,Bekannte" trifft, Bekannte wenigstens der Stimme nach. Denn wenn man aufbricht von einer   **der Stimme nach** by/from the voice
Telegrafenstation zur andern, dann hat man ja die Tatsache der nächsten Station durchs Telefon schon mitgeteilt. Man wird erwartet am andern Ende der Leitung und kennt die Stimme des Gastfreundes: ,,Guten Tag, Herr Sowieso, Sie kommen gerade richtig zum Tee",   **Sowieso** so-and-so
ist darum die fast gewöhnliche Begrüßung eines wildfremden Menschen.   **wildfremd** completely strange/unknown

Niemand, der im Innern Australiens reist, wird dem ,,Willy-Willy" entgehen, dem Sandsturm.

Eine seltsame Verfärbung des Himmels fiel mir auf. Er war wie immer blau und wolkenlos gewesen, plötzlich aber zog es von Osten her dunkel herauf, als ob es Nacht

werden sollte. Sollte etwa der Regen kommen? War es
möglich, daß die Trockenzeit zu Ende ging? Das wäre ein
glücklicher Zufall gewesen, denn Regen hämmert den
Sand hart, so daß man viel besser fahren kann.

Es wurde immer schwärzer, und mich befiel ein
seltsames Gefühl: alle Muskeln spannten sich, mich
überliefen Schauer, trotz der Hitze; der Atem ging
schwer, ich hörte meine Atemzüge wie abblasenden
Dampf. Ich hielt den Wagen an und lauschte. Der
Versuch, meine Besorgnis zu verlachen, gelang mir nicht.

Es schloß sich rings ein schwarzer Vorhang. Wenn doch
wenigstens irgendwas geschehen wollte! Meine Augen
schmerzten, ich konnte die Lider nicht schließen. Das
Warten und das geisterhafte Schweigen dauerten an.

Auf einmal, das Gehör aufs äußerste gespannt,
vernahm ich ein sonderbares Singen in der Luft. Ich
schaute auf: Regentropfen? — Und da geschah's: Ein
Brüllen brach los, unter meinen Füßen stieg gespenstisch
der Sand in die Luft und mit ihm das Buschwerk, und
der Luftzug war, als startete ein Flugzeuggeschwader. Ich
bekam Augen, Mund und Nase voller Sand und wurde
zu Boden geschleudert. Am Auto klammerte ich mich
fest, kroch halb unter den Wagen, der Sturm riß an
meinen Beinen. So lag ich, bis ich wieder imstande war
zu denken. Es mußte etwas geschehen, und zwar schnell,
denn der Sand häufte sich um den Wagen, bald würde
er ganz begraben sein. Es gab nur eine Möglichkeit:
losfahren, vor dem Sturm her, wie ein Segler vor dem
Wind. Fieberhaft arbeitete ich mit der Schaufel, immer
in Angst, der Wind könnte mich wegblasen. Dann startete
ich den Motor; es war wie Segeln, der Wind trieb den
Wagen fast stärker als die Maschine. Von Sand geblendet,
umklammerte ich das Steuerrad und hoffte nur, es käme
kein Hindernis. Ich achtete auf die fliegenden Sandbänke
und hielt den Wagen in ihrer Richtung. Hätte ich quer
zum Wind gesteuert, das Auto wäre gekentert wie ein
Boot. Der Wagen schleuderte und schlug krachend in
Bodenlöcher; das Ganze war wie ein böser Traum. Sehen
konnte ich fast gar nichts. Auf einmal spürte ich einen
Ruck, der mich über das Rad warf — das Auto hatte sich
in eine Sanddüne gewühlt. Ich blieb einfach hocken, den
Kopf in den Schlafsack gewickelt. Nach einer Weile
hörte der Wagen auf zu beben, der Sturm hatte sich
gelegt, die Ruhe der Wüste kehrte zurück, am klaren
Himmel schien die Sonne.

Aufschauend erblickte ich eine völlig verwandelte
Landschaft. Büsche und Sträucher waren verschwunden.
Da war nichts als eine glitzernde Ebene von Sand. Das
halb vergrabene Auto war der einzige Hügel darin.
Plötzlich, wie er gekommen war, schwirrte der fliegende
Turm von Sand von dannen.

auf einmal plötzlich

das Flugzeuggeschwader squadron of aeroplanes

von dannen away (cf. from thence)

I (a) Welchen verblüffenden Vergleich kann man zwischen Zentralaustralien und Deutschland ziehen?

(b) Wie macht sich der Volksmund lustig über die sprichwörtliche Hitze der Alice Springs — Gegend?

(c) Was findet der Erzähler besonders anziehend an diesem inneren Teil Australiens?

(d) Wie beginnt der Wirbelsturm?

(e) Welche Geräusche vernimmt er?

(f) Wie sieht die Landschaff danach aus?

II *Suchen Sie im Text Sätze, die folgendes beschreiben*

(a) Die Menschen in diesem Teil Australiens sind sehr zäh.

(b) Ein großer Prozentsatz des australischen Kontinents ist unbewohnbar.

(c) Der Himmel verfinsterte sich plötzlich.

(d) Zur Zeit herrschte im Innern Australiens eine der häufigen Dürren.

(e) Sandstürme erheben sich ohne Warnung und verschwinden genauso schnell auch.

(f) Die Bewohner dieses Teils Australiens sind sehr gastfreundlich,

IV *Suchen Sie im Text Synonyme zu den folgenden Wörtern*

die Hölle	vollkommen unbekannt
das Vieh	der Kummer
zittern	es war schwer zu atmen.
geändert	
das Lenkrad	sich festhalten

V *Beschreiben Sie einen Sandsturm.*

---

21 RUDOLF KIRCHNER *(A relatively unknown fiction writer.) This essay of his was taken from a Germany secondary school reader:* Lebensgut, *Band 3, edited by Bohusch & Lehmann (Verlag Moritz Diesterweg, Frankfurt a.M. 1958).*

Die Mysterien des Kricket

Beim Kricket ist das Wesentliche, daß es jeder spielen kann, auch der, dessen Geschicklichkeit in anderen Sports fragwürdig ist. Der vollendete Kricketer freilich ist ein Virtuose, aber jedermann kann die Kricket-Atmosphäre — die weißen Gestalten auf der Dorfwiese — mitgenießen, und zwar nicht nur als Zuschauer, denn zum Kricket ist der Jüngste kaum zu jung und der Älteste kaum zu alt. Wenn die Jungens des Abends im Garten oder auf der Wiese das „Wicket" aufstellen, so sind Schwestern, Väter und Großväter willkommene und erfolgreiche Fieldsmen, ja sie sind ebenso brauchbar und willig als Batsmen oder Wicketholders. Der Vater zieht allenfalls den Rock aus, und schon ist er ein Sportsmann, schon fühlt er sich jung; vergnügt, erfrischt. Der Mangel an Temperament, der dem Kricket in den Augen derer anhaftet, die sich austoben wollen, ist somit gerade wieder seine größte Stärke. Man braucht wahrhaftig kein Athlet zu sein, um das Alltagskricket zu spielen. Auch die Ausrüstung ist einfach. Zwei Wickets, zwei Bats, ein Lederball und verschiedene Beinschienen genügen, um zweiundzwanzig Spieler glücklich zu machen, aber es geht auch mit einem Wicket und einem Bat — ja, es muß sogar häufig genug in den

freilich = gewiß certainly

die Jungens (coll.) the boys (-s conveys a friendly tone; cf. 'the lads')

allenfalls if need be

54

Londoner Straßen mit einem Laternenpfahl und einem Stock als Schläger gehen. Das Wicket ist ein kleines Mal: zwei kleine Holzstäbchen liegen auf drei parallel im Boden steckenden Stäben und das Prinzip dieses auf dem Kontinent fast unbekannten Spiels ist, mit einem Lederball dieses Mal zu treffen, während die andere Partei einen Verteidiger davorstellt, der mit dem Bat, einem mäßig breiten, langen Holzschläger, den Ball abwehrt und, wenn er ihn in hohem Bogen durch die Luft zu schleudern vermag, einen „Run" zu machen versucht, indem er zum anderen Wicket und wieder zurück läuft, bevor der Ball selbst von den Fielders zurückbefördert ist. Äußerst flinke Augen und Geistesgegenwart sind Voraussetzungen eines guten Spiels. Der Angreifer erschwert die Abwehr nicht nur durch äußerste Wucht des Wurfs, sondern durch einen „spin", eine Drehung, die er dem Ball mit auf den Weg gibt. Er wirft ihn also so, daß er dicht vor dem Batsman den Boden berührt und durch den „spin" in einer unvermuteten Richtung wieder hochspringt. Ohne die Finesse, die von den Meistern des Krickets zu großer Vollendung gebracht wird, kommt immer noch ein für das englische Gemüt höchst erfreulicher Zeitvertreib zustande. Der „Team" — Charakter und damit die disziplinierende Wirkung ist sehr ausgeprägt. Das Spiel erfordert geradezu Entsagung, denn von der Mannschaft der einen Seite können immer nur zwei im Angriff mitwirken, während der Rest zu warten hat, bis er ans Bowling, an den Ballwurf kommt. Und auf der anderen Seite haben die Leute im „Field" oft ein sehr faules Leben — gleichwohl erwartete man ihre stärkste Aufmerksamkeit, was dem Familien-Kricket am Abend mitunter seinen Reiz nimmt, denn den Kleinen wird das Fielding zuweilen langweilig.

Die großen Kricket-Matches auf den Sportfeldern der Berufsspieler-Klubs, wie „Lords", locken eine oft enorme Menschenmenge an. Die Wettspiele zwischen den repräsentativen Mannschaften der Grafschaften oder Städte oder Länder nehmen nicht weniger als drei volle Tage in Anspruch und es ist höchst erstaunlich, wie viele Menschen an solchen Tagen nichts zu tun haben. Unzählige Tanten und Großmütter müssen jeweils gestorben sein, denn sonst wäre es unbegreiflich, wie die Kricketfreunde immer den nötigen Urlaub zum Zuschauen bekommen konnten. Drei Tage lang Kricket — ein Batsman nach dem anderen sucht so lange am Schlag zu bleiben und so viele „Runs" zu machen wie möglich. Einer nach dem andern. Das Bild verändert sich äußerlich fast gar nicht. Wer kein Engländer und kein Kricketspieler ist, findet diese Dauervorstellung nach einer halben Stunde sehr langweilig. Die Kricket-Atmosphäre der Dorfwiesen macht einer nahezu wissenschaftlichen Betrachtungsweise Platz. Nun kommt es auf die feinste Nuance an. Wer schwache Augen hat, ist hoffnungslos verloren. Nur aus den freudigen Kommentaren spielkundiger und helläugiger Mitmenschen kann der

---

vermögen können

mit auf den Weg gibt to send it along with

geradezu sheer, plain

gleichwohl notwithstanding (the fact that), yet,

in Anspruch nehmen to demand, take up

jeweils at times, from time to time, occasionally

die Dauervorstellung permanent performance/act

Platz machen + Dat. to give way to

spielkundig expert (in the game)
helläugig clear-sighted

Laie erfahren, was sich zugetragen hat. Irgendeine raffinierte Drehung des Balles, irgendeine kunstvolle Wendung des Schlägers bei der Abwehr, irgendein schnelles Auffangen des Balles — irgend etwas ereignet sich und verlockt Tausende zum Beifall, bevor wir auch nur ahnen, was geschehen sein könnte.

I
(a) Was ist das Wesentliche beim Kricket?
(b) Was ist zugleich der negativste und der positivste Aspekt des Kricket?
(c) In welchem Sinne kann man das Spielen von Kricket als „einfach" bezeichnen?
(d) Welche Seite des Kricket-Spiels ist sehr ausgeprägt?
(e) Warum finden die meisten Ausländer das Kricket langweilig?
(f) Was bedeutet der Ausdruck „wissenschaftliche Betrachtungsweise" in Bezug auf ein großes 'Match'?

II *Suchen Sie im Text Stellen, die folgendes ausdrücken*
(a) Menschen in jedem Alter können Kricket genießen.
(b) Man kann Kricket spielen ohne sich anzustrengen.
(c) Etwas Unerwartetes kann immer sehr schnell geschehen.
(d) Kricket ist sehr geeignet für Familien.
(e) Kricket scheint manchem Ausländer viel zu 'kühl' und und träge zu sein.
(f) Es ist verblüffend, daß sogar an Werktagen soviele Zuschauer da sind.
(g) Das Zuschauen erfordert gutes Gesicht.

III *Schreiben Sie einen kurzen Aufsatz, worin Sie die Grundregeln des Spiels erklären!*

IV *Finden Sie im Text Synonyme zu den folgenden Wörtern*

perfekt	das Wichtigste
bewandert	zweifelhaft
nützlich	riesengroß
eintönig	die Figur
der Sportler	die Ausstattung
sich anstrengen	die Seele
der Vorteil	unverständlich
erfahren (Adj.)	geschickt

V *Schreiben Sie im Perfekt*
(a) Nur aus den freudigen Kommentaren spielkundiger Mitmenschen kann der Laie erfahren, was sich zugetragen hat.
(b) Man braucht wahrhaftig kein Athlet zu sein, um das Alltagskricket zu spielen. §
(c) Dies alles paßt wundervoll in die liebliche Landschaft, die das Bild ausstrahlt.
(d) Das Spiel erfordert geradezu Entsagung, denn von der Mannschaft der einen Seite können immer nur zwei im Angriff mitwirken.

§ Do not transform the final clause!

---

22 WOLFGANG KOEPPEN *(Greifswald, 1906-   ) grew up in Eastern Prussia. He now lives near Munich and as a writer of novels and travel books he is considered one of the more important modern German prose writers. His most famous novel is* Tauben im Gras *(1951) which deals with the war. The present extract is from his popular* Amerikafahrt *(1959) which simply gives his impressions on a trip through the U.S. A much acclaimed recent autobiographical reminiscence of his early years is* Jugend *(1976).*

Ankunft in New York

Das Taxi war groß wie eine Lokomotive, und es war grellgelb angestrichen wie ein deutscher Briefkasten. Auf seinem Dach funkte es blaurote Lichtsignale, sie ähnelten dem blitzenden wachsamen Auge der Polizei, und für eine Weile hatte ich das Gefühl, ein Ehrengast zu sein, der eskortiert und ohne Berührung mit Land und Leuten an sein Ziel gebracht werden soll. Die Polster des Wagens waren hart, und der nackte Stahlboden war schmutzig; man bot dem Fahrgast den Transport, man bot ihm nicht mehr. Andauernd erreichten den Wagenlenker durch die Luft gesandte Botschaften; Unsichtbare sprachen zu ihm, beschworen ihn, quälten ihn, hetzten ihn. Zuweilen antwortete der Mann den Stimmen der befehlenden Luftgeister; er sprach mürrisch, gereizt gegen die Windschutzscheibe, er verschluckte auf eine überzeugende ökonomische Art die Silben, doch verstand ich kein Wort seiner Verteidigung. Vielleicht erzählte er auch nur seinem großen Bruder, daß er gerade ein Greenhorn zu einem Hotel fahre.

Flammenrot, mit kreischendem Sirenenschall, brauste ein Feuerwehrzug vorbei. Das hatte ich mir gedacht! Schon sah ich einen Wolkenkratzer brennen, den Broadway lohen, schon las ich die Schlagzeilen auf allen Zeitungen der Welt. Gewaltige Katastrophen schienen hier in der Luft zu liegen. Wie roch New York? Hier noch **in der Luft liegen** to be in the air (offing) nach Meer, nach Schiffen, ich spürte einen Hauch der Niederlande, ich ahnte die Kolonie Neu-Amsterdam. Aber wie roch der Erdteil? Erst am Abend mit dem aufkommenden Landwind bot er sich an, der Geruch nach Gras, nach blühender oder verdorrter Prärie, nach sauber geschorenem Rasen um die Heime der Amerikaner, doch die Stadt selbst roch auch nach überhitztem Dampf, nach den weißen flockigen Schwaden, die unaufhörlich durch den Straßenbelag drangen, unter den Reifen der Automobile schwebten, die Beine der Fußgänger in Nebel hüllten und sie wie über Wolken gehen ließen. **hüllen** to cover, envelop Später erzählte man mir, der Dampf sei die Ausströmung großer Heizanlagen, doch für den ersten Augenschein erhob sich New York auf vulkanischem Boden, und Bordstein und Asphalt und Mauerwerk hinderten gerade noch einen gefährlichen Ausbruch.

Dabei leugnete die Straße, durch die wir fuhren, die Weltstadt. Sie spielte Alt-Amsterdam, sie war **urgemütlich** (the prefix **ur** conveys antiquity, urgemütlich, allerlei Katzen und Käfigvögel und great age) congenial — as in the old days mischrassige Hunde schauten aus staubigen freundlichen Fenstern, kleine Läden boten Grünzeug feil, Altkram **der Altkram** junk und billigen Lebensbedarf. Auf den Bürgersteigen **der Lebensbedarf** requisites/necessaries (for living) bewegte sich Volk, Volk bei sich zu Haus, Volk in Pantoffeln, auch in New York gab es wie in Paris, wie in London, wie im alten Berlin Nachbarschaftsgeschwätz, keine Eile, nichts von amerikanischem Tempo, das überhaupt eine gänzlich falsche Vorstellung Europas von Amerika ist; doch amerikanisch, neu für mich, fremd war hier schon das Hocken vor der Haustür, das lange **stundenwährend** (compound of 'hours' and stundenwährende Sitzen von Frauen, Kindern und **'währen'** — 'to last') lit.: lasting for hours offenbar unbeschäftigten Männern auf den Stufen aus Holz oder Eisen, die zu kleinen Veranden hinaufführten oder als Feuerleitern das Haus umrankten.

Bald aber wuchsen die Gebäude, wie man es erwartet hatte, wie Filme, Bilderbücher und Träume es gezeigt hatten, und die Straße wurde zur Schlucht, wir fuhren

tief unten auf dem Boden eines grauen Canon, und
der Himmel oben war ein unendlich ferner, sehr
schmaler, doch freundlicher blauer Strich.

Das Hotel war natürlich ein Wolkenkratzer, aber es
war kein großes Haus. Es glich einem hochgestellten
schmalen Plätteisen, das mit seiner Spitze den Himmel
berühren wollte, und war eine merkwürdigerweise bonbonrosa angestrichene Herberge für Reisende, die mit
den Greyhound-Autobussen, den benzinfressenden
Windhunden einer über das ganze Land ausgebreiteten
Transportgesellschaft, aus allen Staaten zu Geschäft oder
Staunen nach New York kommen. Diese Autobusse
waren gedrungen wuchtig, mit einem Aussichtsbuckel
versehen, stolz mit fremdem Staub bedeckt, sie waren
schnelle Rhinozerosse, die endlos lange Straßen Meile
auf Meile bewältigt, Gebirge, Wildwasser, Prärien,
Wüsten durchquert und die Horizonte der Indianer
gesehen hatten. Jugend entquoll ihren trojanischen Bäuchen und füllte die enge Halle des Hotels, Jugend in
farbigen Hemden, mit bunten, manchmal mit
Reklamesprüchen versehenen Mützen auf den ge-
schorenen oder gelockten Köpfen. Wer aber schon alt
war, gab sich wenigstens jugendlich, wählte noch
grellfarbiger das Hemd, noch verwegener den Hut, und
sie alle schienen ungesattelte Mustangs und nicht die
weltstädtischen Verkehrsmittel besteigen zu wollen.

Im Lift nahmen alle Männer ihre bunten Mützen und
verwegenen Hüte ab, als ein junges Mädchen zu uns stieg,
einen kleinen Spiegel aus ihrer Tasche holte und sich
andächtig die Lippen schminkte — eine Königin, wie man
sie zu Tausenden in der Stadt verehrte. Lichtsprünge
einer Signaltafel zeigten, daß wir rasend schnell
zum zehnten, zum zwölften, zum sechzehnten
Stock emporkletterten. Dort erschreckten rote Feuer-
schriften, Warnungen, Löschschläuche, Eisentüren in
engen Gängen, Pfeile, die zu den schwarzen Rettungs-
leitern draußen am Riesenhaus führten. Wieder empfand
ich, daß man in Amerika in jedem Augenblick eine
Katastrophe erwartet.

Aus dem Zimmer, das ich beziehen sollte, drangen
erregte Stimmen. Ein Schuß fiel. Eine Frau schrie. Mit
der Vorsicht der berühmten Detektive öffnete ich die
Tür. Ein Fernsehapparat tobte laut vor sich hin, um dem
Gast zu sagen, daß er auch in der Fremde nicht allein
sei, und Schatten, diesmal die Schatten von Verbrechern,
hatten, bis ich eintrat, zu den vier Wänden gesprochen.
Mein Bett, das waschmittelpropagandaweiß war und
deshalb unschuldig aussah, hatte einen Mord beobachtet.
Doch schon bat mich mit quengelnder Stimme ein
häßlicher kahlgeschorener Junge in Cowboytracht, ihm
eine bestimmte Sorte Drops, die schmackhaftesten, die
bekömmlichsten der Welt zu kaufen. Der quengelnde
Cowboy bedrohte mich mit einer Pistole, und gleich
darauf zielte ein Mann mit einer Oldshatterhandbüchse
aus einem Blockhaus. Aber vor dem Fenster bot sich mir

---

der Canon (Spanish for) canyon

bonbonrosa (adj. compound) lolly-pink

der Aussichtsbuckel lit.: viewing-hump (i.e. the large transparent dome on a tourist bus)

sich jugendlich geben to act young/pretend to be young

zu Tausenden in thousands, by the thousands

der Löschschlauch fire (lit. extinguishing) hose

vor sich hin (toben) (to rave) on/away

waschmittelpropagandaweiß (original compound of:) detergent-advertising — white

Drops (English borrowing) drops

gleich darauf straight after that

die Oldshatterhandbüchse (compound of 'gun' and the character 'Old-shatter-hand', hero of children's stories by Karl May (1842-1912).)

ein überwältigendes Bild. Die Wolkenkratzerstadt lag im Glanz der Mittagssonne vor mir, ihre höchsten Häuser überragten mein hohes Hotel, ich erkannte New York als die Siedlung meiner Zeit, und sie gefiel mir sehr, sie bezauberte, sie erfüllte alle Erwartungen. Wie Türme und Burgen aus Stahl, Aluminium, Beton und funkelndem Glas wuchsen die Hochhäuser überall aus einem von den Straßen rechteckig zerschnittenen Gewirr anderer relativ und erstaunlich niedriger Dächer, und sie, die Großen, die stolz zum Himmel ragten, schienen einander über die Firste der Kleinen hinweg zu grüßen. Es war ein fortwährendes lustiges Blinken und Winken in der Luft. Der Wind wehte frisch und hatte viel Raum. Der Himmel war hoch und blau, und ich fühlte mich in eine große allgemeine Herzlichkeit einbezogen. Die Automobile tief unten in den Straßen fuhren in lustigen grellbunten Reihen wie rollendes Spielzeug durch ein Kinderparadies.

über . . . hinweg from over the top of

I (a) Wie fühlte sich der Erzähler im Taxi?
   (b) Wie unterscheiden sich angeblich deutsche von amerikanischen Taxis?
   (c) Welchen Eindruck machte die Atmosphäre der Stadt auf ihn?
   (d) Welche Gerüche assozierte er mit der Stadt und welche mit dem Kontinent?
   (e) Was verlieh der Stadt beim ersten Anblick ihren vulkanartigen Anschein?
   (f) Welche allgemeine europäische Vorstellung von Amerika hielt er für falsch?
   (g) Welche Bilder benutzt er, um den Eindruck des plötzlichen Größerwerdens der Gebäude in der Stadtmitte zu erwecken?
   (h) Was erschreckte ihn beim Betreten seines Hotelzimmers?
   (i) Was erschien auf dem Fernsehbildschirm?
   (j) Wie sah der Abend aus, von seinem Fenster betrachtet?

II *Suchen Sie im Text Sätze, die folgendes beschreiben*
   (a) Der Taxifahrer benutzte das Taxi-Radio auf eine geheimnisvolle Art und Weise.
   (b) Die Stadt schien ihm unheimlich und gefährlich zu sein.
   (c) Die Autobusse hatten etwas Tierhaftes an sich.
   (d) An der Kleidung konnte man nur schwer die jungen Menschen von den älteren unterscheiden.
   (e) Eine gewisse Straße schien ihm aus einer alten, ruhigeren Zeit zu stammen.
   (f) Im Fahrstuhl spürt er wieder ein früheres Gefühl des Unbehagens.

III *Schreiben Sie im Perfekt*
   (a) Im Lift nahmen alle Männer ihre bunten Mützen ab, als ein junges Mädchen zu uns stieg.
   (b) Wer aber schon alt war, gab sich wenigstens jugendlich.
   (c) Schon sah ich einen Wolkenkratzer brennen. §
   (d) Dabei leugnete die Straße, durch die wir fuhren, die Weltstadt.

IV *Welche Verben kann man aus den folgenden Wörtern bilden*
der Dampf	das Ziel	der Ausbruch
das Gebäude	freundlich	gefährlich
der Gang	farbig	der Sauber
häßlich	ungesattelt	frisch

V *Versuchen Sie folgenden Wörter mit Ihren eigenen Worten zu erklären*
   das Taxi   das Hotel   der Wolkenkratzer

VI *Beschreiben Sie eine Großstadt oder eine Verkehrsstockung!*

§ 'Sehen' behaves like a modal verb!

23 HEINRICH BÖLL *(1917-   ) was born in Cologne. His service in the army during the war has stamped most of his writing which deals largely with the burden of guilt, still unexpiated in Germany's affluent, post-war society. He is a religious writer in that he sees solutions to human and social problems as essentially resolvable only within a broadly Christian framework. In his short stories, radio plays, novels and essays Böll has established himself as probably the most representative modern German writer; certainly, along with Grass, he is best known to readers in other countries. Among his best known works are:* Wo warst du Adam *(his first novel, 1951).* Billard um halb zehn *(novel, 1959) and* Das Brot der frühen Jahre *(short stories, 1955). He was awarded the Nobel prize for literature in 1972. This essay is from his anthology of occasional pieces called* Menschen am Rhein *(Verlag Kiepenheuer & Witsch, Cologne 1960).*

Undines gewaltiger Vater

Undine (mythological female spirit of water which with human shape)

Ich bin bereit, dem Rhein alles zu glauben: nur seine sommerliche Heiterkeit habe ich ihm nie glauben können, ich habe diese Heiterkeit gesucht, aber nie gefunden, vielleicht ist es ein Augenfehler oder ein Gemütsfehler, der mich hinderte, diese Heiterkeit zu entdecken.

Mein Rhein ist dunkel und schwermütig, ist zu sehr Fluß händlerischer Schläue, als daß ich ihm sein sommerliches Jünglingsgesicht glauben könnte. Ich bin mit den weißen Schiffen gefahren, über die Rheinhöhen gegangen, mit dem Fahrrad von Mainz bis Köln, von Rüdesheim bis Deutz, von Köln bis Xanten gefahren, im Herbst, im Frühjahr und im Sommer, ich habe während des Winters in kleinen Hotels gewohnt, die nahe am Fluß lagen, und mein Rhein war nie der Sommer-Rhein.

Mein Rhein ist der, den ich aus meiner frühesten Kindheit kenne: ein dunkler, schwermütiger Fluß, den ich immer gefürchtet und geliebt habe; drei Minuten nur von ihm entfernt bin ich geboren; ich konnte noch nicht sprechen, so eben laufen, da spielte ich schon an seinen Ufern: bis zu den Knien wateten wir im Laub der Alleebäume, suchten nach unseren Papierrädern, die wir dem Ostwind anvertraut hatten, der sie — zu schnell für unsere Kinderbeine — westwärts trieb, auf die alten Festungsgräben zu.

Es war Herbst, Sturm herrschte, Regenwolken und der bittere Rauch der Schiffsschornsteine hingen in der Luft; abends war Windstille, Nebel lag im Rheintal, dunkel tuteten die Nebelhörner, rote, grüne Signallichter an den Mastkörben schwebten wie auf Gespensterschiffen **der Mastkorb ⁼e** masthead vorbei, und wir beugten uns über die Brückengeländer und hörten die hellen, nervösen Signalhörner der Flößer, die rheinabwärts fuhren.

Winter kam: Eisschollen, so groß wie Fußballplätze, weiß, mit einer hohen Schneeschicht bedeckt, still war der Rhein an diesen klaren Tagen: die einzigen Passagiere waren die Krähen, die sich von den Eisschollen in

Richtung Holland treiben ließen, auf ihren riesigen, phantastisch eleganten Taxis ruhig dahinfahrend.

Viele Wochen lang blieb der Rhein still: schmale, graue Wasserrinnen nur zwischen den großen weißen Schollen. Möwen segelten unter den Brückenbögen her, Schollen brachen sich splitternd an den Pfeilern, und im Februar oder März warteten wir atemlos auf die große Drift, die vom Oberrhein kam: arktisch anmutende Eismassen kamen von dort oben, und man konnte nicht glauben, daß dies ein Fluß ist, an dem Wein wächst, guter Wein. Vielschichtig schob sich das krachende, splitternde Eis an Dörfern und Städten vorbei, riß Bäume um, drückte Häuser ein, kam gelöster, schon weniger gefährlich, nach Köln. Zweifellos, es gibt zwei Rheine: den oberen, den Weintrinkerrhein, den unteren, den Schnapstrinkerrhein, den man weniger kennt und für den ich plädiere; ein Rhein, der sich mit seinem Ostufer nie so recht ausgesöhnt hat, bis heute nicht; wo früher die Opferfeuer der Germanen rauchten, rauchen jetzt die Schornsteine, von Köln rheinabwärts bis weit nördlich Duisburg: rote, gelbe, grüne Flammen, die gespenstische Kulisse großer Industrien, während das westliche, das linke Ufer mehr noch einem Hirtenufer gleicht: Kühe, Weidenbäume, Schilf und die Spuren römischer Winterlager; hier standen sie, die römischen Soldaten, starrten auf das unversöhnliche Ostufer; opferten der Venus, dem Dionys, feierten die Geburt der Agrippina: Tochter des Germanicus, Enkelin Caligulas, Mutter Neros, Frau und Mörderin des Claudius, später von ihrem Sohn Nero ermordet. Geboren war sie inmitten von Kasernen: Reiterkasernen, Matrosenkasernen, Fußvolkkasernen, und im Westend auch damals schon die Villen der Händler, Verwaltungsbeamten, Offiziere, Warmwasserbäder, Schwimmhallen; noch hat die Neuzeit diesen Luxus nicht ganz eingeholt, der zehn Meter unter den Spielplätzen unserer Kinder im Schutt der Jahrhunderte begraben liegt.

Zu viele Heere hat dieser Fluß gesehen, der alte grüne Rhein, Römer, Germanen, Hunnen, Kosaken, Raubritter — Sieger und Besiegte, und — als letzte Boten der sich vollziehenden Geschichte — die den weitesten Weg hatten: die Jungen aus Wisconsin, Cleveland oder Manila, die den Handel fortsetzten, den römische Söldner um das Jahr Null herum begonnen hatten. Zuviel Handel, zuviel Geschichte hat dieser breite, grünlich grau dahinfließende Rhein gesehen, als daß ich ihm sein sommerliches Jünglingsgesicht glauben könnte. Glaubhafter ist seine Schwermut, seine Dunkelheit. Nicht einmal die Nibelungen, die dort wohnten, wo der Wein wächst, waren ein sehr fröhliches Geschlecht: Blut war ihre Münze, deren eine Seite Treue, deren andere Verrat war.

Der Weintrinkerrhein hört ungefähr bei Bonn auf, geht dann durch eine Art Quarantäne, die bis Köln reicht; hier fängt der Schnapstrinkerrhein an; das mag für viele

---

die Drift (borrowing from English)
der Oberrhein upper Rhine
arktisch anmutend suggestive of the Artic

gelöst relaxed

der Schnapstrinkerrhein the Rhine from the Ruhr region upwards — to Holland, where the inhabitants drink beer with Schnaps
das Opferfeuer sacrificial fire
die Germanen the Teutons

Dionys Dionysius, the Greek God of wine — also called Bacchus
Agrippina (daughter of Germanicus, a Roman general who fought many campaigns in Germania)

das Fußvolk foot soldiers, infantry (medieval and older in application)

die Neuzeit modern times/age

die Nibelungen (this refers to the kingdom of the Burgundians, founded around 413 in Worms; the the Lay of the Nibelungen (**s Nibelungenlied**) is the best known Germanic saga.

bedeuten, daß der Rhein hier aufhört. Mein Rhein fängt
hier an, er wechselt in Gelassenheit und Schwermut über,
ohne das, war er oben gelernt und gesehen hat, zu
vergessen, immer ernster wird er auf seine Mündung zu,
bis er in der Nordsee stirbt, seine Wasser sich mit denen
des großen Ozeans mischen; der Rhein der lieblichen
mittelrheinischen Madonnen fließt auf Rembrandt zu
und verliert sich in den Nebeln der Nordsee.

Mein Rhein ist der Winterrhein, der Rhein der Krähen,
die auf Eisschollen nordwestwärts ziehen, den Nieder-
landen zu; ein Breughel-Rhein, dessen Farben Grüngrau
sind, Schwarz und Weiß, viel Grau, und die bräunlichen
Fassaden der Häuser, die sich erst wieder auftakeln,
wenn der Sommer naht. Ich habe immer noch Angst vor
dem Rhein, der im Frühjahr böse werden kann, wenn
Hausrat im Fluß dahintreibt, ertrunkenes Vieh, entwur-
zelte Bäume; wenn auf die Uferbäume Plakate mit dem
roten Wort Warnung geklebt werden, die lehmigen
Fluten steigen, wenn die Ketten, an denen die mächtigen
schwimmenden Bootshäuser befestigt sind, zu reißen
drohen; Angst vor dem Rhein, der unheimlich und so
sanft durch die Träume der Kinder murmelt, ein dunkler
Gott, der bewiesen haben will, daß er noch Opfer fordert:
heidnisch, Natur, nichts von Lieblichkeit, wird er breit
wie ein Meer, dringt in Wohnungen ein, steigt grünlich
in den Kellern hoch, quillt aus Kanälen, brüllt unter
Brückenbögen dahin: Undines gewaltiger Vater.

Breughel (Flemish painter of landscapes and
peasant life, 1520-1569)

I   (a) Woran zweifelt der Verfasser in Bezug auf den
          Rhein?
     (b) Wie ist Bölls Begriff des Rheins?
     (c) Auf welchen Erfahrungen stützt er seine Meinungen?
     (d) Welche Bilder des Rheins sind ihm noch geläufig
          aus seiner Kindheit?
     (e) Welche zwei Rheine gibt es?
     (f) Was ist der Hauptgrund warum der Erzähler das
          weitverbreitete Bild des Rheins als ,,Jüngling'' nicht
          annehmen kann?
     (g) Was ist ,,sein Rhein''?

II   *Warum schreibt er: ,,man konnte nicht glauben, daß dies
     ein Fluß ist, an dem Wein wächst''?*

III= *Suchen Sie im Text Stellen, die zeigen, daß*
     (a) der Rhein etwas Beängstigendes für ihn ist.
     (b) der Fluß sehr viel zum Wassertransport gebraucht
          wird.
     (c) der Fluß seine Mündung in den Niederlanden hat.
     (d) der Rhein für Böll viele mythische Assoziationen

besitzt.
     (e) die beiden Ufer eine ganz andere Aussicht bieten.
     (f) die jetzige Hauptstadt der Bundesrepublik Deutsch-
          land eine gewisse Grenze am Rhein bildet.

IV   *Ersetzen Sie die unterstrichenen Wörter durch Pronomen*
     (a) Zu viele Heere hat *dieser Fluß* gesehen.
     (b) *Mein Rhein* ist der, den ich aus *meiner frühesten
          Kindheit* kenne.
     (c) Ich bin bereit, *dem Rhein alles* zu glauben. §
     (d) Ich habe immer noch Angst vor *dem Rhein,* der im
          Frühjahr böse werden kann.
     (e) Er wird immer ernster auf *seine Mündung* zu, bis er
          in *der Nordsee* stirbt.

V   *Beschreiben Sie einen Fluß im Winter.*

§ Acc. precedes Dat.

VI Heiteres

24 WOLFGANG HILDESHEIMER *(1916-   ) was born in Hamburg. His secondary education was begun in Mannheim and completed in England. He lived in Palestine from 1933 to 1936 where he learned cabinet-making and studied interior design. In 1937 this lead him to the study of stage designing in Salzburg and two years after that were spent in London as a student of painting and graphics. During the war he was a British information officer in Palestine where he continued his interest in pure and applied design. After the war he was an official interpreter at Nuremberg and after again applying himself to the fine arts he decided in 1950 on writing as his main occupation. He lives in Switzerland but has taken an active interest in various German literary organisations. He has gained a reputation as a talented writer in various génres: the radio play, comedy, the novel and short story. His approach to writing is experimental, his tone often abstruse, satirical — even surrealistic and absurd. Among his most popular works are:* Paradies der falschen Vögel *(novel, 1953)* and Lieblose Legenden *(short stories, 1952), from which the present extract has been chosen.*

Eine grössere Anschaffung

Eines Abend saß ich im Dorfwirtshaus vor (genauer gesagt, hinter) einem Glas Bier, als ein Mann gewöhnlichen Aussehens sich neben mich setzte und mich mit gedämpft-vertraulicher Stimme fragte, ob ich eine Lokomotive kaufen wolle. Nun ist es zwar ziemlich leicht, mir etwas zu verkaufen, denn ich kann schlecht nein sagen, aber bei einer größeren Anschaffung dieser Art schien mir doch Vorsicht am Platze. Obgleich ich wenig von Lokomotiven verstehe, erkundigte ich mich nach Typ, Baujahr und Kolbenweite, um bei dem Mann den Anschein zu erwecken, als habe er es hier mit einem Experten zu tun, der nicht gewillt sei, die Katze im Sack zu kaufen. Ob ich ihm wirklich diesen Eindruck vermittelte, weiß ich nicht; jedenfalls gab er bereitwillig Auskunft und zeigte mir Ansichten, die das Objekt von vorn, von hintern und von den Seiten darstellten. Sie sah gut aus, diese Lokomotive, und ich bestellte sie, nachdem wir uns vorher über den Preis geeinigt hatten. Denn sie war bereits gebraucht, und obgleich Lokomotiven sich bekanntlich nur sehr langsam abnützen, war ich nicht gewillt, den Katalogpreis zu zahlen.

Schon in derselben Nacht wurde die Lokomotive gebracht. Vielleicht hätte ich dieser allzu kurzfristigen Lieferung entnehmen sollen, daß dem Handel etwas Anrüchiges innewohnte, aber arglos wie ich war, kam ich nicht auf die Idee. Ins Haus konnte ich die Lokomotive nicht nehmen, die Türen gestatteten es nicht, zudem

am Platze in order

den Anschein erwecken to give the appearance
die Katze im Sack kaufen to buy a pig in a poke

wäre es wahrscheinlich unter der Last zusammengebrochen, und so mußte sie in die Garage gebracht
werden, ohnehin der angemessene Platz für Fahrzeuge.
Natürlich ging sie der Länge nach nur etwa halb hinein,
dafür war die Höhe ausreichend; denn ich hatte in
dieser Garage früher einmal meinen Fesselballon unter-
gebracht, aber der war geplatzt.

Bald nach dieser Anschaffung besuchte mich mein
Vetter. Er ist ein Mensch, der, jeglicher Spekulation und
Gefühlsäußerung abhold, nur die nackten Tatsachen
gelten läßt. Nichts erstaunt ihn, er weiß alles, bevor man
es ihm erzählt, weiß es besser und kann alles erklären.
Kurz, ein unausstehlicher Mensch. Wir begrüßten
einander, und um die darauffolgende peinliche Pause zu
überbrücken, begann ich: ,,Diese herrlichen Herbstdüfte
. . .`` — ,,Welkendes Kartoffelkraut``, entgegnete er, und
an sich hatte er recht. Fürs erste steckte ich es auf und
schenkte mir von dem Kognak ein, den er mitgebracht
hatte. Er schmeckte nach Seife, und ich gab dieser
Empfindung Ausdruck. Er sagte, der Kognak habe, wie
ich auf dem Etikett ersehen könne, auf den Weltausstell-
ungen in Lüttich und Barcelona große Preise, in St.
Louis gar die goldene Medaille erhalten, sei daher gut.
Nachdem wir schweigend mehrere Kognaks getrunken
hatten, beschloß er, bei mir zu übernachten, und ging
den Wagen einstellen. Einige Minuten darauf kam er
zurück und sagte mit leiser, leicht zitternder Stimme,
daß in meiner Garage eine große Schnellzugslokomotive
stünde. ,,Ich weiß``, sagte ich ruhig und nippte von
meinem Kognak, ,,ich habe sie mir vor kurzem ange-
schafft.`` Auf seine zaghafte Frage, ob ich öfters damit
fahre, sagte ich, nein, nicht oft, nur neulich, nachts, da
hätte ich eine benachbarte Bäuerin, die ein freudiges
Ereignis erwartete, in die Stadt ins Krankenhaus gefahren.
Sie hätte noch in derselben Nacht Zwillingen das Leben
geschenkt, aber das habe wohl mit der nächtlichen Loko-
motivfahrt nichts zu tun. Übrigens war das alles erlogen,
aber bei solchen Gelegenheiten kann ich der Versuchung
nicht widerstehen, die Wirklichkeit ein wenig zu
schmücken. Ob er es geglaubt hat, weiß ich nicht, er
nahm es schweigend zur Kenntnis, und es war offensicht-
lich, daß er sich bei mir nicht mehr wohl fühlte. Er
wurde ganz einsilbig, trank noch ein Glas Kognak und
verabschiedete sich. Ich habe ihn nicht mehr gesehen.

Als kurz darauf die Meldung durch die Tageszeitungen
ging, daß den französichen Staatsbahnen eine Lokomotive
abhanden gekommen sei (sie sei eines Nachts vom
Erdboden — genauer gesagt vom Rangierbahnhof —
verschwunden), wurde mir natürlich klar, daß ich das
Opfer einer unlauteren Transaktion geworden war.
Deshalb begegnete ich auch dem Verkäufer, als ich ihn
kurz darauf im Dorfgasthaus sah, mit zurückhaltender
Kühle. Bei dieser Gelegenheit wollte er mir einen Kran
verkaufen, aber ich wollte mich in ein Geschäft mit ihm
nicht mehr einlassen, und außerdem, was soll ich mit
einem kran?

I (a) Wie reagierte der Erzähler auf das Angebot des Fremden?

(b) Wo wurde die Lokomotive hingestellt, nachdem sie am selben Abend geliefert wurde?

(c) Warum konnte er seinen Vetter nicht leiden?

(d) Welche Lüge erzählte er dem Vetter und warum?

(e) Wie entdeckte er, daß der Zug gestohlen worden war?

(f) Auf welches ähnliche Geschäft ließ er sich dann später nicht mehr ein.

II *Suchen Sie im Text Synonyme zu den folgenden Wörtern*

die Schenke	intim
ablehnen	ratsam
fragen nach	den Eindruck geben
der Sachkundige	zweiter Hand
das Geschäft	die Bürde
passend	überraschen
widerlich	verlegen (Adj.)
das Gefühl	bekommen
still	zögernd
kürzlich	unwahr
offenbar	gemein

III *Finden Sie im Text Sätze, die den folgenden Inhalt ausdrücken*

(a) Der Erzähler kann der Versuchung zum Kauf nicht widerstehen.

(b) Er gab vor, etwas von solchen Maschinen zu verstehen.

(c) Der Verkäufer erklärte ihm alle Einzelheiten sehr gründlich.

(d) Er zweifelte nicht an der Ehrlichkeit des Verkäufers.

(e) Er hatte schon früher eine ähnliche größere Anschaffung gemacht.

(f) Der Vetter ist ein Besserwisser.

(g) Nachdem der Vetter von der Garage zurückkam, war er ziemlich schockiert.

(h) Als er den Verkäufer wieder traf, war er unfreundlich zu ihm.

IV *Schreiben Sie im Futur*

(a) Schon in derselben Nacht wurde die Lokomotive gebracht.

(b) Obgleich ich wenig von Lokomotiven verstehe, erkundigte ich mich nach Typ und Baujahr. §

(c) Ich wollte mich in ein Geschäft mit ihm nicht mehr einlassen.

(d) Natürlich ging sie der Länge nach nur etwa halb heinein.

V *Erklären Sie mit Ihren eigenen Worten die Bedeutung folgender Wendungen*

(a) den Anschein erwecken

(b) die nackten Tatsachen gelten lassen

(c) ein freudiges Ereignis erwarten

(d) die Wirklichkeit ein wenig schmücken

(e) schlecht nein sagen können.

VI *Beschreiben Sie den Charakter des Erzählers! (Z.B., welche folgenden Wörter wären auf ihm anwendbar?*

anspruchslos — anständig — aufrichtig — berechnend — bescheiden — dreist — egoistisch — einfältig (naiv) — eingebildet — energisch — feige — gelassen — gesellig — großmütig — großsprecherisch — keck — kriecherisch — leichtgläubig — mitfühlend — nachtragend — prahlerisch — reizbar — schlicht — selbstgefällig — starr — streitsüchtig — stur — taktvoll — unverschämt — verwegen. *Schlagen Sie unbekannte Wörter in einem Lexikon nach!*

§ Do not transform the first clause!

---

25 KURT TUCHOLSKY *(1890-1935) was born in Berlin, a fact which is unmistakable in his many poems, sketches, satires, essays and plays. They often incorporate extensive use of the Berlin dialect which is a peculiar mixture of sentimentality and hard, down-to-earth cynicism. He was a journalist and a major contributor to the periodical* Die Weltbühne, *the most important organ of the intellectual Left in the twenties. He had previously studied law and this, together with his wit, passion and left-wing sentiment, make him a counterpart to Heinrich Heine, the great nineteenth century poet and social satirist. Tucholsky wrote under the pseudonyms of Kaspar Hauser, Theobald Tiger, Peter Panter and Ignaz Wrobel. Often his writings were specifically directed against the rising tide of Fascism in the late twenties and early thirties. His hard-hitting, superbly humorous writings also pilloried the military, the churches, snobbery and capitalism. After 1933 he was forced to flee to Sweden where he committed suicide two years later. It is a tribute to the quality of his mind that he remains widely read today despite the fact that much of his subject matter seems strictly related to the events and people*

of Weimar Germany. This excerpt appeared originally in a news-paper and is taken from Tucholsky's Gesammelte Werke, *Band III, (Rowohlt Verlag, Reinbeck 1960)*

Ratschläge für einen schlechten Redner

Fang nie mit dem Anfang an, sondern immer drei Meilen vor dem Anfang! Etwa so:

„Meine Damen und meine Herren! Bevor ich zum Thema des heutigen Abends komme, lassen Sie mich Ihnen kurz ... "

Hier hast du schon so ziemlich alles, was einen schönen Anfang ausmacht: eine steife Anrede; der Anfang vor dem Anfang; die Ankündigung, daß und was du zu sprechen beabsichtigst, und das Wörtchen kurz. So gewinnst du im Nu die Herzen und die Ohren der Zuhörer.

Denn das hat der Zuhörer gern: daß er deine Rede wie ein schweres Schulpensum aufbekommt; daß du mit dem drohst, was du sagen wirst, sagst und schon gesagt hast. Immer schön umständlich.

Sprich nicht frei — das macht einen so unruhigen Eindruck. Am besten ist es: du liest deine Rede ab. Das ist sicher, zuverlässig, auch freut es jedermann, wenn der lesende Redner nach jedem vierten Satz mißtrauisch hochblickt, ob auch noch alle da sind.

Wenn du gar nicht hören kannst, was man dir so freundlich rät, und du willst durchaus und durchum frei sprechen ... du Laie! Du lächerlicher Cicero! Nimm dir doch ein Beispiel an unsern professionellen Rednern, an den Reichstagsabgeordneten — hast du die schon mal frei sprechen hören? Die schreiben sich sicherlich zu Hause auf, wann sie „Hört! hört!" rufen ... ja, also wenn du denn frei sprechen mußt:

Sprich, wie du schreibst. Und ich weiß, wie du schreibst.

Sprich mit langen, langen Sätzen — solchen, bei denen du, der du dich zu Hause, wo du ja die Ruhe, derer du so sehr benötigst, deiner Kinder ungeachtet, hast, vorbereitest, genau weißt, wie das Ende ist, die Neben-sätze schön ineinandergeschachtelt, so daß der Hörer, ungeduldig auf seinem Sitz hin und her träumend, sich in einem Kolleg wähnend, in dem er früher so gern geschlummert hat, auf das Ende solcher Periode wartet ... nun, ich habe dir eben ein Beispiel gegeben. So musst du sprechen.

Fang immer bei den altern Römern an und gib stets, wovon du auch sprichst, die geschichtlichen Hinter-gründe der Sache. Das ist nicht nur deutsch — das tun alle Brillenmenschen. Ich habe einmal in der Sorbonne einen chinesichen Studenten sprechen hören, der sprach glatt und gut französisch, aber er begann zu allgemeiner Freude so: „Lassen Sie mich Ihnen in aller Kürze die Entwicklungsgeschichte meiner chinesischen Heimat seit

---

ausmachen to result in, effect

wie ein schweres Schulpensum aufbekommen to get or to be given a large piece of homework

einen Eindruck machen to make an impression

frei sprechen to speak off the cuff, ad lib, without a text

sich ein Beispiel nehmen an + dative to take an example from

hört! hört! hear! hear!

der du you who (suggests personal directness)
benötigen + genitive to be in need of, require

sich in einem Kolleg wähnend fancying himself to be in a lecture-course

alle Brillenmenschen lit. 'people with spectacles', intellectuals, egg-heads.
zu allgemeiner Freude to the general enjoyment of everybody

dem Jahre 2000 vor Christi Geburt . . .‟ Er blickte ganz
erstaunt auf, weil die Leute so lachten.

So mußt du das auch machen. Du hast ganz recht:
man versteht es ja sonst nicht, wer kann denn das alles
verstehen, ohne die geschichtlichen Hintergründe . . .
sehr richtig! Die Leute sind doch nicht in deinen Vortrag
gekommen, um lebendiges Leben zu hören, sondern das,
was sie auch in den Büchern nachschlagen können . . .
sehr richtig! Immer gib ihm Historie, immer gib ihm.

nachschlagen in to look up in

Kümmere dich nicht darum, ob die Wellen, die von dir
ins Publikum laufen, auch zurückkommen — das sind
Kinkerlitzchen. Sprich unbekümmert um die Wirkung,
um die Leute, um die Luft im Saale; immer sprich, mein
Guter. Gott wird es dir lohnen.

Kinkerlitzchen (coll.) useless rubbish, tomfoolery

Du mußt alles in die Nebensätze legen. Sag nie: „Die
Steuern sind zu hoch.‟ Das ist zu einfach. Sag: „Ich
möchte zu dem, was ich soeben gesagt habe, noch kurz
bemerken, daß mir die Steuern bei weitem . . .‟ So heißt
das.

So heißt das That's the way to do it

Trink den Leuten ab und zu ein Glas Wasser vor —
man sieht das gern. Wenn du einen Witz machst, lach
vorher, damit man weiß, wo die Pointe ist.

die Pointe the point (of a joke), the punch-line

Eine Rede ist, wie könnte es anders sein, ein Monolog.
Weil doch nur einer spricht. Du brauchst auch nach
vierzehn Jahren öffentlicher Rednerei noch nicht zu
wissen, daß ein Rede nicht nur ein Dialog, sondern ein
Orchesterstück ist: eine stumme Masse spricht nämlich
ununterbrochen mit. Und das mußt du hören. Nein, das
brauchst du nicht zu hören. Sprich nur, lies nur, donnere
nur, geschichtele nur.

geschichtele nur author's invention of a verb from
Geschichte (history), cf; just historicise

Zu dem, was ich soeben über die Technik der Rede
gesagt habe, möchte ich noch kurz bemerken, daß viel
Statistik eine Rede immer sehr hebt. Das beruhigt
ungemein, und da jeder imstande ist, zehn verschiedene
Zahlen mühelos zu behalten, so macht das viel Spaß.

das beruhigt ungemein that is particularly
reassuring

Kündige den Schluß deiner Rede lange vorher an,
damit die Hörer vor Freude nicht einen Schlaganfall
bekommen. (Paul Lindau hat einmal einen dieser
gefürchteten Hochzeitstoaste so angefangen: „Ich komme
zum Schluß.‟) Kündige den Schluß an, und dann
beginne deine Rede von vorn und rede noch eine halbe
Stunde. Dies kann man mehrere Male wiederholen.

Du mußt dir nicht nur eine Disposition machen, du
mußt sie den Leuten auch vortragen — das würzt die
Rede.

Sprich nie unter anderthalb Stunden, sonst lohnt es
gar nicht erst anzufangen.

Wenn einer spricht, müssen die andern zuhören —
das ist deine Gelegenheit! Mißbrauche sie.

I (a) Ist es richtig, den geschichtlichen Hintergrund eines Problems zu erklären?
 (b) Was halten Sie von den Äußerungen des Autors, eine Rede sei nicht nur ein Dialog, sondern auch ein Orchesterstück?
 (c) Welche Fehler muß also ein guter Redner unbedingt vermeiden?
 (d) Was sind die Eigenschaften eines guten Redners?

II *Drücken Sie den Inhalt folgender Sätze mit Worten aus dem Text aus*
 (a) Zuhörer fühlen sich gern bedroht.
 (b) Dichterzitate steigern den Wert einer Rede.
 (c) Er drückt alle wichtigen Punkte in Nebensätzen aus.
 (d) Der Redner hat schnell die Aufmerksamkeit des Publikums gewonnen.

III *Machen Sie eine Liste von den schlechten Eigenschaften und suchen Sie im Text Sätze, die den ironischen Tonfall am besten wiedergeben!*

IV *Suchen Sie im Text Synonyme zu diesen Wörtern*
zum Resultat haben   formell, unpersönlich
langsam, nicht direkt

                                ein Mitglied des
                                deutschen Parlaments
unnützes Zeug, Albernheiten   vor dem Krieg

                                bring viel Geschichte in
                                deinen Vortrag

V *Erklären Sie, an Hand von Beispielen, die Bedeutung folgender Wörter und Ausdrücke*
einen Schlaganfall bekommen   Brillenmensch
Dispositionen machen   Pointe
eine steife Anrede

VI *Geben Sie die Ratschläge des Autors im positiven Sinne wieder, so wie er es wirklich meint!*

---

26 KARL HEINRICH WAGGERL *(1897-1973) was born in Bad Gastein, Austria and lived for most of his working life near Salzburg. Like Peter Rosegger (No. 3 above) his works are an excellent example of the genre,* Heimatdichtung. *He intended becoming a teacher but sickness prevented him from pursuing this profession: instead he became an artist and writer. The numerous sketches and wood-cuts in his novels and stories attest to his skill in the former domain. The centre of his prose is taken up with the world of the simple farmer, the life of simple un-educated people living in close community and close to nature. His milieu is homely, plain and unpretentious humanity. His best known novels are:* Brot *(1930),* Mutter *(1935); his best known* Novellen *or stories:* Fröhliche Armut *(1948) — from which the present extract is taken — and* Wanderung und Heimkehr *(1957).*

Der Schulrat kommt

Im Frühsommer, als sich niemand mehr dessen versah, wurde uns Besuch in der Schule angesagt. Ein hoher Herr käme eigens aus der Stadt, um uns zu prüfen, erklärte das Fräulein, aber es stünde dahin, ob wir in Ehren würden bestehen können. Zum mindesten sollten wir artig sitzen und unser weniges im Kopf beisammenhalten. Was aber die Eselsbank beträfe — für mich und die Riesen wisse sie keinen Rat. Am besten, wir blieben ganz stumm und zögen nur die Köpfe ein, vielleicht dachte dann der Herr, wir seien nur Schaustücke, tot und ausgestopf wie Fuchs und Igel auf dem Kasten.

Eines Morgens schlüpfte der Gast auch wirklich in die Schulstube, ein beleibter, kahlköpfiger Mann, der nicht weiter gefährlich aussah. Ungemein flink auf seinen kurzen Beinen, lief er hierhin und dorthin zwischen den Bänken und das Fräulein immer hinter ihm her, es sah

sich versehen + Gen. to expect, be aware of

eigens especially
es stünde dahin it was uncertain

die Eselbank (lit.: donkey-seat; cf. Eng. 'dunce's corner')

nicht weiter apart from that, otherwise

aus, als versuchte sie, einen entwischten Garnknäuel wieder einzufangen.

Indessen sagten die Auserwählten ihr Bestes her, und unser Gast hörte geduldig zu. Es wäre auch alles gut abgelaufen, hätte ihm nicht das Lied vom Männlein im Walde zuletzt noch einen seltsamen Gedanken eingegeben. Er sehe wohl, sagte er, daß wir fleißige Leute seien, nun aber wolle er noch prüfen, ob wir denn auch Verstand im Kopfe hätten. Deshalb werde er uns Rätsel zu raten geben, und wer die Lösung fände, sollte dafür eine Nuß aus seiner Hosentasche bekommen.

Begreiflich, daß mich ein solches Angebot sofort aus meiner stummen Rolle fallen ließ. Aber wenn dieser Herr meinte, er könne sich die Sache mit Kalenderscherzen leicht machen, etwa mit dem Vogel, der weder Federn noch Flügel hatte, so irrte er. Gleich war der Spaßvogel durchschaut und mußte sein erstes Ei in meine Hand fallen lassen. Eine zweite Nuß büßte er für den Knecht, der keinen Lohn bekommt, den Stiefelknecht. Gut so weit. Wußte ich etwa auch, was nur ein Toter verzehren konnte, aber kein Lebender, ohne daran zu sterben?

Das war schwierig, auch das Fräulein schüttelte nur heimlich den Kopf.

Nichts essen die Toten, sagte der Mann und steckte eine Nuß in seine Tasche zurück. Freilich verlor er sie im Handumdrehen wieder für den Kartenkönig ohne Land, und das verdroß ihn sehr. Erst beim nächstenmal glückte es ihm wieder besser, weil ich mich verwirren ließ und nicht daran dachte, daß ein Loch natürlich kleiner wird, wenn man zugibt, und um so größer, je mehr man wegnimmt.

Drei Nüsse also auf jeder Seite, und nun sollte es ums Ganze gehen, alle sechs oder keine! Was ist das, hörte ich fragen: es schlägt und hat doch keinen Stock! Ich wußte gleich, daß er die Wanduhr meinte, aber klang das nicht gar zu billig? Unschlüssig schielte ich nach der Lehrerin hinüber, und als ich sah, wie sie mir zunickte und dabei ihre Hand vor dem Gesicht hin und her bewegte, da war es nicht mehr schwierig, der Falle auszuweichen. Das ist unser Fräulein, sagte ich siegesgewiß.

Daraufhin konnte sich die Lehrerin nur eben noch an die Wand lehnen, und der Mann zerbarst beinahe an seinem Gelächter. Die sechs Nüsse zahlte er mir redlich aus, und damit Gott befohlen. Weiter wollte er sich auf nichts mehr einlassen.

entwischen to slip away, escape
der Garnknäuel ball of yarn
der Auserwählte chosen-one (deliberately inflated style)
hersagen to recite, repeat
Männlein im Walde (from a children's song/puzzle; the 'little man in the forest' is a mushroom)

der Kalenderscherz calender-joke (jokes and riddles on calenders)
der Spaßvogel war durchschaut the wag/wit/comic was seen through (unmasked).

freilich of course, certainly.
im Handumdrehen in a trice/flash

ums Ganze gehen to be all or nothing/to go for broke

daraufhin after that, thereupon, whereupon

Gott befohlen idiom: and that was that (lit.: a greeting)

I (a) Auf welchen Besuch wartete die Dorfschule gespannt?

    (b) Wie wurden die Kinder auf den Besuch vorbereitet?

    (c) Welchen Eindruck machte der Gast, als er endlich ankam?

    (d) Was taten die Kinder für ihn?

    (e) Wie wollte der Gast seinen Besuch beenden?

    (f) Welche Wirkung hatte das auf den Erzähler?

    (g) Welche drei Rätsel hatte der Erzähler richtig erraten?

    (h) Welche drei anderen bereiteten ihm Schwierigkeiten?

    (i) Was geschah zuletzt, als es drei zu drei stand?

II *Suchen Sie Stellen im Text, die zeigen, daß*

    (a) die Lehrerin versuchte, ihm heimliche Winke zu geben.

    (b) der Schulinspektor ziemlich untersetzt war.

    (c) der Schulrat sich über die Niederlage des Jungen freute.

    (d) die Idee des Rätselratens dem Jungen gefiel.

III *Suchen Sie im Text Synonyme zu den folgenden Wörtern*

verständlich	sonderbar
entlarven	es gelang ihm
unentschieden	melden
die Strafbank	einen Fehler machen
aufessen	enttäuschen
sich anhören	durcheinander bringen
überzeugt	aufgeben

IV *Schreiben Sie im Passiv*

    (a) Die sechs Nüsse zahlte er mir redlich aus.

    (b) Indessen sagten die Auserwählten ihr Bestes her.

    (c) Eine zweite Nuß büsste er für den Knecht ein.

V *Versuchen Sie einige Kinderrätsel ins Deutsch zu übersetzen!*

---

27 **LUDWIG THOMA** *(1867-1921) could only have been born in Southern Bavaria. All of his many stories, plays and novels deal with this particular region and his language is appropriately often dialect. His style is full-blooded, unsentimental and humorous. Precisely his narrow frame of reference, namely the world and mentality of the Bavarian peasant or town-dweller, has assured him lasting interest — though he could scarcely be ranked with more serious talents. He is best seen as a lasting representative of the Rosegger-Waggerl tradition mentioned previously and is probably best known to German readers at large for his* Lausbubengeschichten *(1905) and the grotesquely funny* Briefwechsel eines bayerischen Landtagsabgeordneten *(1909). Works of rather more merit by him are:* Andreas Vöst *(novel, 1905),* Agricola *(collected short stories, 1897) and* Moral *(comedy, 1909). This extract is from another of his short story collections:* Tja, ernste und heitere Geschichten *(Piper Verlag, Munich); its humour rests on the proverbial antipathy between the Southern and Northern Germans, the former referring to the latter indiscriminately as* Preussen *— Prussians.*

Auf der Elektrischen

In München. Der schwere Wagen poltert auf den Schienen; beim Anhalten gibt es einen Ruck, daß die stehenden Passagiere durcheinander gerüttelt werden.

    Ein Schaffner ruft die Station aus.

    „Müliansplatz!"

    Heißt eigentlich Maximiliansplatz.

    Aber der Schaffner hat Schmalzler geschnupft und kann die langen Namen nicht leiden

    Wumm! Prr!

    Der Wagen hält.

    „Deonsplatz!" schreit der Schaffner.

Schmalzler schnupfen (Schmalzler — brand of snuff) to sniff Schmalzler.

etwas nicht leiden können not to be able to stand something

Heißt eigentlich Odeonsplatz.

Eine Frau, die ein großes Federbett trägt, schiebt sich in den Wagen. Ein Sitzplatz ist noch frei.

Die Frau zwängt sich zwischen zwei Herren. Sie stößt dem einen den Zylinder vom Kopfe.

Das ärgert den Herrn. Er klemmt den Zwicker fester auf die Nase und blickt strafend auf das Weib.

„Aber erlauben Sie!" sagt er.

—?!—

„Aber erlauben Sie, mit einem solchen Bett!"

Die Leute im Wagen werden aufmerksam.

Der Mann scheint ein Norddeutscher zu sein, der Sprache nach zu schließen. Ein besserer Herr, der Kleidung nach zu schließen.

Was fällt ihm ein, die arme Frau aus dem Volke zu beleidigen?

Ein dicker Mann, dessen grünen Hut ein Gemsbart ziert, verleiht der allgemeinen Stimmung Ausdruck.

„Warum soll denn dös arme Weiberl net da herin sitzen? Soll's vielleicht draußen bleib'n und frier'n? Bloß wei's dem nobligen Herrn net recht is? Wenn ma so noblig is, fahrt ma halt mit da Droschken!" Der Dicke Mann ist erregt. Der Gemsbart auf seinem Hute zittert. Einige Passagiere nicken ihm beifällig zu; andere murmeln ihre Zustimmung. Ein Arbeiter sagt: „Überhaupt is de Tramway für an jed'n da. Net wahr? Und dera Frau ihr Zehnerl is vielleicht g'rad so guat, net wahr, als wia dem Herrn sei Zehnerl."

Die Frau mit dem Bett sieht recht gekränkt aus. Sie schweigt; sie will nicht reden; sie weiß schon, daß arme Leute immer unterdrückt werden.

Sie schnupft ein paarmal auf und setzt sich zurecht. Dabei fährt sie mit dem Bette ihrem anderen Nachbarn ins Gesicht.

Der stößt das Bett unsanft weg und redet in soliden Baßtönen: „Sie, mit Eahnan dreckigen Bett brauchen S' mir fei's Maul net abwisch'n! Glauben S' vielleicht, Sie müassen's mir unter d' Nasen halt'n, weil S' as jetzt aus'm Versatzamt g'holt hamm?"

Die Passagiere horchen auf.

Da ist noch einer, der die Frau aus dem Volke beleidigt; aber, wie es scheint, ein süddeutscher Landsmann.

Die Stimmung richtet sich nicht gegen ihn. Übrigens sieht er so aus, als wenn ihm das gleichgültig sein könnte.

Er hat etwas Gesundes an sich, etwas Robustes, Hinausschmeißerisches. Er imponiert sogar dem Herrn mit dem grünen Hute.

Und dann, alle haben es gesehen:

Die Frau ist ihm wirklich mit dem Federbette über das Gesicht gefahren. So etwas tut man nicht. Der Mann selbst ist noch nicht fertig mit seiner Entrüstung. Er wirft einen sehr unfreundlichen Blick auf die Frau aus dem Volke und einen sehr verächtlichen Blick auf das Bett.

Er sagt: „Überhaupt is dös a Frechheit gegen die Leut',

aber erlauben Sie do you mind!

ein besserer Herr a well-to-do gentleman

was fällt ihm ein how dare he

der Gemsbart chamois-beard (hunter's cockade made of long chamois hairs)

Warum, etc. dialect; see below.

Überhaupt, etc. dialect; see below

aufschnupfen to sniff/sniffle

Sie, etc. dialect; see below.

ihm könnte das gleichgültig sein He couldn't care less (give a hoot)

etwas Hinausschmeisserisches an sich something about him reminding one of a bouncer (**r Hinausschmiesser** = bouncer, muscle-man, e.g., in a night club, derives from **schmeissen** — (sl.) to throw)

Überhaupt, etc. (see below)

mit so an Bett do rei'geh'. Wer woaß denn, wer in dem
Bett g'leg'n is? Vielleicht a Kranker; und mir fahr'n
s' ins G'sicht damit! Sie ausg'schamte Person!" Einige
murmeln beifällig.

Der Mann mit dem grünen Hute gerät wieder in Zorn.

Er sagt: „Der Herr hat ganz recht. Mit so an Bett geht
ma nett in a Tramway. Da kunnten ja mir alle o'g'steckt
wer'n. Heuntzutag, wo's so viel Bazüllen gibt!"

Der Gemsbart auf seinem Hut zittert.

Alle Passagiere sind jetzt wütend über die Unverschämtheit der Frau. Man ruft den Schaffner.

„De muaß außi!" sagt der Mann mit dem Gamsbart,
„und überhaupts, wia konna denn Sie de Frau da
einaschiab'n? Muaß ma sie vielleicht dös g'fallen lassen
bei der Tramway? Daß de Bazüllen im Wag'n umanand-
fliag'n?"

Der Schaffner trifft die Entscheidung, daß die Frau
sich auf die vordere Plattform stellen muß. Sie verläßt
ihren Platz und geht hinaus.

„Dös war amal a freche Person!" sagt der Mann mit
dem Gemsbart.

Der Herr mit dem Zwicker meint: „Eigentlich war sie
ganz anständig. Nur mit dem Bette . . ."

„Was?!" schreit sein robuster Nachbar. „Sie woll'n
vielleicht dös Weibsbild in Schutz nehma? Gengan
S' außi dazua, wann's Eahna so guat g'fallt!"

Alle murmeln beifällig.

Und der Arbeiter sagt: „Da siecht ma halt wieda de
Preißen!"

in Zorn geraten to become angry, furious	
Mit so, etc. (see below)	
De muaß, etc (see below)	
eine Entscheidung treffen to make a decision	
Dös war, etc. (see below)	
Sie woll'n etc (see below)	
Da siecht, etc (see below)	

warum etc. (dialect: **Warum soll denn das arme Weibchen nicht hier drinnen sitzen. Soll es vielleicht draussen bleiben und frieren? Bloss weil es dem noblen Herrn nicht recht ist? Wenn man so nobel ist, fährt man halt mit der Droschke.)**

überhaupt etc. (dialect: **überhaupt ist die Tramway für einen jeden da. Nicht wahr? Und das Zehnpfennig-stück der Frau ist vielleicht gerade so gut, nicht wahr, wie das Zehnpfennigstück des Herrn.)**

Sie etc. (dialect: **Sie mit Ihrem dreckigen Bett brauchen mir aber den Mund nicht abzuwischen! Glauben Sie vielleicht, Sie müssen es mir unter der Nase halten, weil Sie es jetzt aus dem Versatzamt** (pawn-shop) **geholt haben?)**

überhaupt etc. (dialect: **überhaupt ist das eine Frechheit gegen die Leute, mit so einem Bett hier hereinzukommen. Wer weiß denn, wer in**

dem Bett gelegen ist? Vielleicht ein Kranker; und mir fahren Sie ins Gesicht damit! Sie unverschämte Person!)

mit so etc. (dialect: **Mit so einem Bett geht man nicht in eine Elektrische. Damit könnten ja wir alle angesteckt** (infected) **werden. Heutzutage, wo es so viele Bazillen gibt!)**

de muaß etc. (dialect: **Sie muß hinaus! . . . und überhaupt, wie können Sie denn die Frau hier herein-schieben? Muß man sich vielleicht das gefallen lassen bei der Tramway? Dass die Bazillen im Wagen herumfliegen?)**

dös war etc. (dialect: **Das war aber eine freche Person!)**

Sie woll'n etc. (dialect: **Sie wollen vielleicht das Weibsbild** (hussy) **in Schutz nehmen. Gehen Sie hinaus zu ihr, wenn es Ihnen so gut gefällt!)**

da siecht etc. (dialect: **Da sieht man halt wieder die Preussen!)** (= That's just like the Prussians!)

I (a) Wo spielt sich diese Geschichte ab?
   (b) Woran merkt man, daß der Schaffner lange Namen nicht gern hat?
   (c) Wer steigt am Odeonsplatz ein?
   (d) Warum regt sich ein Herr auf, als sie sich hinsetzt?
   (e) Was verraten die Kleidung und der Akzent des Herrn?
   (f) Wie reagieren die anderen Fahrgäste auf seine Worte?
   (g) Wie benimmt sich die Frau während der Debatte?
   (h) Was geschieht dann dem Herrn, der auf der anderen Seite der Frau sitzt?
   (i) Warum richtet sich die Stimmung der anderen Fahrgäste nicht gegen ihn?
   (j) Was kritisiert er am Federbett?
   (k) Welche Meinung haben dann die anderen danach gebildet?
   (l) Was tut der Schaffner und warum?
   (m) Welche Bermerkung macht dann der Norddeutsche nach dem ganzen Aufruhr?
   (n) Was wirft man ihm dann vor?
   (o) Finden Sie das gerecht?
   (p) Wie erklärt sich dieser irrationelle Umschwung in der Meinung der anderen Passagiere?

II *Ordnen Sie die Synonyme zueinander!*

das Versatzamt	ausstehen
beleidigen	grob
die Straßenbahn	beurteilen
verächtlich	zurückhalten
die Haltestelle	egal
leiden	die Elektrische
schließen	die Station
unsanft	die Pfandleihe
unterdrücken	kränken
gleichgültig	geringschätzig

III *Suchen Sie im Text Stellen, die zeigen, daß*
   (a) die Süddeutschen eine gewisse Antipathie gegen die Norddeutschen hegen.
   (b) der Wagen ziemlich voll ist.
   (c) der Sozialstatus des Norddeutschen schnell zu erkennen war.
   (d) der dicke Bayer ein etwas cholerisches Temperament. besaß.
   (e) die Landesloyalität der Fahrgäste stärker als ihre Meinungen über Klassengleichheit ist.

IV *Beginnen Sie mit den Worten in der Klammer*
   (a) Der Mann scheint (ein Norddeutscher) zu sein.
   (b) Dabei fährt sie mit dem Bette (ihrem anderen Nachbarn) ins Gesicht.
   (c) Sie stößt dem einen (den Zylinder) vom Kopf.
   (d) Der Mann mit dem grünen Hut gerät (wieder) in Zorn.
   (e) Eine Frau, die ein großes Federbett trägt, schiebt sich (in den Wagen).

V *Schreiben Sie im Passiv*
   (a) Die Frau ist ihm wirklich mit dem Federbette über das Gesicht gefahren.
   (b) Der Schaffner kann die langen Namen nicht leiden.
   (c) Er klemmt den Zwicker fester auf die Nase.
   (d) Der Schaffner trifft die Entscheidung und die Frau muß das Federbett ins andere Abteil tragen.
   (e) Alle Passagiere sprechen wütend über die Unverschämtheit der Frau.

VI *Schreiben einen kurzen Aufsatz über eins der folgenden Themen*
   (a) Lokalpatriotismus.
   (b) Eine Fahrt mit der Straßenbahn (Eisenbahn, dem Flugzeug, Auto, usw.).
   (c) Die Gefahren des öffentlichen Transportsystems.

---

28 HERMANN KASACK *(1896-   ) was born in Potsdam, near Berlin, the son of a physician. After service in the first war he studied Literature and Economics in Berlin and Munich. Most of his working life, apart from writing, has been spent as editorial director in several leading German publishing firms and in radio. He is perhaps most famous for his lyric poetry and lyric dramas. However, he has also achieved great eminence as a novelist with works like the surrealistic* Die Stadt hinter dem Strom *(1947), which in 1955 was made into an opera, and* Das große Netz *(1952), a humorous, satirical parody of modern humanity and its institutions — from which the present extract is taken.*

Das Fußballspiel

Kaum hatte der Schiedsrichter das Spiel auf dem Fußballplatz angepfiffen, als die einheimische Mannschaft, von der Zuschauermenge mit hin- und hergeschwenkten Papierfähnchen, Kindertrompeten und lauten Zurufen

anpfeifen to whistle (the ball into play)
hin- und herschwenken to wave to and fro

angefeuert, Angriff auf Angriff an den Strafraum des gegnerischen Tors herantrug.

In einem Augenblick höchster Gefahr lenkte der linke Verteidiger der IFE-Mannschaft das Leder über die eigene Torlinie in das rettende Aus. Dadurch hatte er einen Eckball zugunsten der „Thusnelda" verwirkt, den der beliebte halbrechte Stürmer treten sollte. Aber dieser schaute vergeblich nach dem Leder aus. Der Ball blieb unauffindbar. Die Spieler sahen sich verdutzt an. Endlich warf einer der Linienrichter einen Ersatzball ins Feld, und das Spiel nahm seinen Fortgang. Aber kaum war das Leder wiederum in weitem Bogen in das Aus geflogen, blieb auch dieser Ball verschwunden. Die Zuschauer wurden unruhig. Pfiffe des Mißfallens gellten über den Platz. Als das Spiel mit einem weiteren Ersatzball aufgenommen wurde, nutzte die Mannschaft des IFE die Verwirrung der gegnerischen Elf aus und schoß nach einer schön hereingegebenen Flanke des Linksaußen durch den Mittelstürmer das ersehnte Tor. Die Leute der „Thusnelda" sahen sich stark bedrängt. Aber der nächste Schuß ging unter dem Aufschrei des Publikums, das schon das Zwei zu Null fürchtete, neben der Latte weit ins Aus — und der Ball ward nicht mehr gesehen.

Erst nach einer längeren Unterbrechung gelang es dem Schiedsrichter, das Spiel mit Hilfe des letzten Reserveballs erneut in Gang zu bringen. Die Mannschaften, ängstlich darauf bedacht, das Leder nur nicht wieder aus dem Spielfeld zu befördern, bewachten sorgfältig den Ball, verlangsamten das Tempo und spielten in vorsichtigen Kombinationen einander gemächlich das Leder zu.

Die Menge, die sich durch diese Zeitlupentaktik um den Nervenkitzel des Rauschs betrogen sah, begann zu johlen und Schmährufe auszustoßen. Auf die Ermahnung des Schiedsrichters hin nahm das Spiel wieder ehrliche Formen an. Als nach wenigen Minuten der Halbrechte den Ausgleichstreffer für „Thusnelda" erzielte, verwandelte sich der Unwillen der Massen sogleich in flutende Begeisterung.

Dann aber geschah, was zu erwarten war. Der Ball sauste wieder in weitem Flug ins Aus. Während Spieler beider Mannschaften ihm nachjagten, sprangen die Zuschauer der Tribünen erregt auf die Bänke. Ein Taumel ergriff die Menge. Aber schon hatte der Schiedsrichter das Spiel wieder angepfiffen. Diesmal hatte sich der Ball nicht verloren. Er wurde gerade vom Verteidiger der „Thusnelda" gestoppt, als vor dem Tor des IFE ein zweiter Ball ins Spiel geriet, den die dort Lauernden für den rechten hielten, so daß, bevor der Schiedsrichter die Lage erkannte, unter ungeheurem Vergnügen des Publikums beide Mannschaften gleichzeitig ein wohlverdientes Tor schossen. Damit nicht genug. Sobald ein Spieler unbeschäftigt stand, flog ihm von ungefähr ein weiterer Ball vor die Füße, so daß sich zeitweilig drei, vier Bälle im Feld befanden. Unter diesen Umständen hatte

Angriff auf Angriff attack after/upon attack

IFE (the initials for the team's proper name)
das Leder (coll.) the ball (lit.: the Leather)
das Aus out-of-bounds
Thusnelda (name of the other team)

ausschauen nach to watch out for

seinen Fortgang nehmen to take its course, continue

eine schön hereingegebene Flanke des Linksaussen a nicely-passed off flank-shot from the outside left (wing)

unter dem Aufschrei to the screams (**unter** connotes 'to the accompaniement of')

die Latte (coll.) goal-post (lit.: fence, trelice)
ward = wurde (archaic style)

in Gang bringen to set in motion

die Zeitlupe slow-motion
der Nervenkitzel titilation of the nerves

der Halbrechte right-half (team position)
der Ausgleichstreffer equalling score/shot

von ungefähr from somewhere or other, out of the blue.

zeitweilig temporarily, at the moment

jeder der beiden Torwarte Mühe, sein Heiligtum rein zu halten. Obwohl der Schiedsrichter das Spiel längst abgepfiffen hatte — es konnte ohnehin nicht mehr viel an der Halbzeit fehlen —, ließ sich der Eifer der jetzt auf Hochtouren gekommenen Mannschaften nicht beirren. Mißlang dem ersten Ball das Ziel, krönte der Nachschuß des zweiten die eingeleitete Aktion. Der Ball spielte mit den Menschen.

So war es kein Wunder, daß bald passionierte Zuschauer von der magischen Kraft des Fußballs so angezogen wurden, daß sie auf das Spielfeld liefen und sich am Kampf beteiligten. In dem Trubel fiel es kaum auf, daß sich die Mannschaft des IFE längst zurückgezogen hatte.

das Heiligtum sanctuary, shrine

ohnehin besides, anyhow

auf Hochtouren kommen to get into top gear/speed

I   (a)   Wie spielte die einheimische Mannschaft am Anfang?
      (b)   Nach wievielen verlorenen Bällen fiel das erste Tor?
      (c)   Warum verlangsamten die Spieler das Tempo?
      (d)   Woher kam es, daß beide Mannschaften ein Tor schossen?
      (e)   Welche Position war am schwersten bedrängt, weil vier Bälle sich gleichzeitig auf dem Spielfeld befanden?
      (f)   Warum und wie endete das Spiel kurz vor Halbzeit?

II   *Finden Sie im Text einen Satz, der erklärt warum*
      (a)   die Spieler sich verdutzt ansahen.
      (b)   die einheimische Mannschaft am Anfang so gut spielte.
      (c)   ein Taumel die Menge ergriff.
      (d)   die Mannschaften sich zurückzogen.
      (e)   die Menge zu johlen begann.
      (f)   der Eifer der Mannschaften auf Hochtouren gekommen war.

III   *Schreiben Sie Substantive und Verben, die aus den folgenden Adjektiven gebildet werden können*

gegnerisch	höchst
verdutzt	ersehnt
stark	länger
ängstlich	ehrlich
verdient	rein

IV   *Schreiben Sie im Präsens und Perfekt*
      (a)   So war es kein Wunder, daß bald passionierte Zuschauer von der magischen Kraft des Fußballs so angezogen wurde, daß sie auf das Spielfeld liefen und sich am Kampf beteiligten.

V   *Setzen Sie die richtigen Endungen ein:*
      (a)   Erst nach ein- länger- Unterbrechung gelang es d- Schiedsrichter, d- Spiel mit Hilfe d- letzt- Reserveballs erneut in Gang zu bringen.
      (b)   So war es kein- Wunder, daß bald passioniert- Zuschauer von d- magisch- Kraft d- Fußballs so angezogen wurden, daß sie auf d- Spielfeld liefen und sich an d- Kampf beteiligten.
      (c)   In ein- Augenblick höchst- Gefahr lenkte d- link- Verteidiger d- IFE-Mannschaft d- Leder über d- eigen- Torlinie in d- rettend- Aus.
      (d)   Mißlang d- erst- Ball d- Ziel, krönte d- Nachschuß d- zweit- d- eingeleitet- Aktion.

VI   *Beschreiben Sie das „Fußballfieber"!*

Vocabulary

ABBREVIATIONS USED

Acc.	accusative case
Dat.	dative case
Gen.	genitive case
adj.	adjective, adjectival (ly)
aero.	aeronautical term
anat.	anatomical term
coll.	colloquial
fig.	figurative meaning
lit.	literally
mil.	military term
sl.	slang
tech.	technical term
=	synonymous with

This vocabulary is selective. It does not include elementary items which can safely be expected to have been mastered. The English meanings given are not of course the only or even primary meanings of the particular words, but rather those related to the context in the prose extract.

Often compound-forms or derivatives do not appear when the base form has already been listed; i.e. the former may be deduced from the latter.

A

der	Aal -e	eel
	abbilden	to illustrate
	abdrücken	to fire, to squeeze off
	abgedämpf	muted, softened
	abgehärtet gegen	hardened against/to
der	Abgeordnete -n	member-of-parliament
	abhängig von + Dat.	dependent on
	abhauen	to cut down
das	Abitur	matriculation
der	Abiturient -en	sixth-former
	ablassen von	to leave off from
	ablesen	to read off
sich	abnützen	to wear oneself out
der	Absatz	marketing, distribution
sich	abschirmen	to screen, shield off
die	Absicht -en	intention
	absichtlich	on purpose, intentional
	abtasten	to feel over
	abtupfen	to tip, touch lightly
	abwechselnd	by turns, alternating
	abwehren	to fend off
sich	abwenden	to turn away
die	Abwesenheit	absence
	abziehen	to move off
	achten auf + Acc.	to heed, pay attention to
der	Acker	land, soil, field
	ähneln + Dat.	to resemble

	ahnen	to suspect
	ahnungslos	unsuspecting
die	Ähre -n	ear (grain), sheaf
die	Aktentasche -n	briefcase
die	Allee -n	avenue
	allenfalls	if need be
	alleweil	always
	allfort	all the time
	allgemein	general
	allmählich	gradual
	allweg	all the way
das	Alter —	age
das	Altersheim -e	home for the aged
die	Altersruhe	retirement
sich	anbieten	to offer (itself)
der	Anblick -e	sight, view
	andächtig	devout, absorbed
	andauern	to last, continue
	ändern an + Dat.	to change in
	anderthalb	one and a half
	aneinandergeraten	to fly at one another
	anerkennen	to recognize, appreciate
	anfeuern	to fire, stimulate
die	Anforderung	demand
die	Angabe	boasting, showing off
das	Angebot -e	offer
	angehen	to concern
	angehören + Dat.	to belong to
die	Angel -n	hook
	angemessen	appropriate
das	Angesicht -er	face, countenance
	anhaften + Dat.	to attach to
	anhalten	to continue
der	Ankläger	accuser, plaintiff
	ankündigen	to announce, declare
die	Ankündigung -en	announcement, declaration
der	Anlaß ̈e	cause, occasion
	anlaufen	to swell
	anlocken	to attract, allure
	anlügen	to lie to someone's face
	anmutig	graceful
	annehmen	to assume, accept
	anpassen	to adjust
die	Anrede -n	address, opening
	anrüchig	notorious, disreputable
	ansagen	to announce
die	Anschaffung -en	purchase, acquisition
die	Anschauung -en	view, perception
	anscheinend	apparently
	ansetzen zu	to get ready for
die	Ansicht -en	view, drawing (tech.)
die	Ansprache ̈-n	speech, address
der	Anspruch ̈e	claim, right
	anständig	decent
	anstoßen	to touch, knock, bump
	anstreben	to aspire to, strive for
	anstreichen	to paint
das	Antlitz -e	face, countenance
	anvertrauen + Dat.	to entrust to

	anziehen	to attract
der	Arbeitgeber	employer
die	Arbeitskräfte	work-force
	arg	nasty, awful, serious
	arglos	harmless, innocent
der	Ärmel	sleeve
	armselig	wretched, miserable
die	Art -en	type, manner, species
	artig	good, well-behaved
	atemlos	breathless
	aufbauen	to build up, reconstruct
	aufblicken	to glance up
	aufbrechen	to set out/off
	aufdrängen	to intrude
	auferlegen	to impose
	auffallen	to be conspicuous, striking
	auffangen	to catch, snap (up)
	aufhalten	to stop, hold up
	aufhängen	to hang, execute
	aufhorchen	to prick up one's ears, listen
der	Auflauf ⸚e	crowd, mob
sich	auflösen	to dissolve
	aufmerksam	attentive
	aufpassen	to take care of, watch over/out
	aufrecht	upright
	aufreißen	to fling, push up/open
der	Aufruf -e	summons, call
	aufscheuchen	to scare away
	aufschreiben	to note/take down, make a note of
sich	auftakeln	to rig oneself up/out
	auftauchen	to pop up, appear
das	Augenlicht	eye-sight
der	Augenschein	appearance, evidence
die	Aula -en	school/assembly hall
	ausdehnen	to expand, extend, enlarge
	ausdenken	to think up
	ausführen	to carry out
	ausführlich	in detail
die	Ausführung	performance, execution
	ausgeprägt	distinct, marked
	ausheben	to dig out
	auslachen	to ridicule
	auslaugen	to leach out, extract
	auslöschen	to extinguish
	auslösen	to release, set into action
	ausmachen	to constitute
die	Ausnahmestellung	exceptional situation
sich	ausprägen	to show oneself, be visible
	ausrädeln	to mill, flatten (out)
	ausreichend	sufficient
	ausrichten	to carry out
	ausrotten	to exterminate
die	Ausrüstung	equipment, gear
	ausrutschen	to slip (over)
	ausscheren	to peel off (aero.)
	äußere	external
sich	äußern	to express oneself, have one's say
	außerordentlich	extraordinary
sich	aussöhnen	to make one's peace
	austauschen	to exchange, swap
	ausstellen	to exhibit, fill in
	ausstoßen	to emit
	ausstrahlen	to irradiate
	aussuchen	to select, choose
	ausweichen	to avoid

	auswendig (können)	(to be able) recite from memory, by heart
der	Auszug ⸚e	exodus, emigration

B

die	Badewanne -n	bath-tub
der	Bann	ban, proscription
die	Barke -n	small barge
die	Bauchlandung	belly landing (aero.)
	häurisch	rustic
	beabsichtigen	to intend
	beachten	to attend to, take notice of
	beben	to shake, quake
	bedacht auf + Acc.	intent on
das	Bedauern	regret, pity
	bedenklich	dubious, risky, critical
	bedrängt	distressed, hard-pressed
	bedrohen	to menace, threaten
das	Bedürfnis -se	need, urge, want
sich	befinden = sein	to be situated
	befördern	to carry, deliver, transport
	befugt	authorized, competent
sich	begeben (in + Acc.)	to set about, betake oneself (to)
	begehen	to commit
die	Begeisterung	enthusiasm
	beglücken	to make happy
	begraben	to bury
	begreifen	to grasp, understand
	behalten	to keep, retain, remember
	behaupten	to assert, maintain
	beherrschen	to master
	behexen	to bewitch
	behutsam	cautious, careful, wary
	beibringen	to inflict, administer
der	Beifall	applause
das	Beil -e	axe
die	Beinschiene -n	pad, leg-guard
sich	beirren	to be misled, mistaken
der	Beistand	stand-by
	bekanntlich	as is well known
die	Bekehrung	conversion
das	Bekenntnis -se	confession
	beklommen	anxious, uneasy, depressed
	bekömmlich	wholesome, beneficial
	bekunden	to manifest
der	Belag	covering, coating
der	Belang	concern, interest, importance
	belebt	animated, lively
	beleibt	stout, corpulent, fat
	beleidigen	to insult
	beliebt	popular
	beloben	to praise
	belohnen	to reward
	beneiden	to envy
	benötigen + Gen.	to require, be in need of
	berauscht	intoxicated, elated
	berechtigt	entitled, justified
das	Bereich -e	area
	bereitwillig	ready, eager, obliging
	berichten	to report
der	Berufsspieler	professional player
die	Berührung	touch, contact
die	Beschäftigung	pastime

	beschämen	to shame
	beschließen	to decide
	beseelt	inspired, animated
das	Besitztum	possessions
	besorgen	to procure, scrounge, arrange
	besorgt	worried
der	Bestand	strength, durability
	bestehen	to pass (exam.)
	besteigen	to board
	bestellen	to till, cultivate, order
sich	beteiligen an + Dat.	to participate/take part in
der	Beton	concrete
	betreffen	to concern
	betreiben	to hasten, pursue, manage
der	Betrieb	plant, firm, factory
die	Bevölkerung	population
	bevorzugen	to favour, prefer
	bewachen	to guard, watch over
	bewaffnen	to arm
sich	bewähren	to prove oneself
	bewältigen	to overcome
	beweisen	to prove
	bewundernswert	admirable
	bewußt	conscious
die	Bezeichnung -en	name, term
	beziehen	to occupy
die	Bildung	shape, formation, education
die	Billigung	approval, approbation
die	Binde -n	band, bandage, sling, tie
der	Bindfaden ¨	string
der	Bissen	mouthful
	blähen	to inflate, puff up
	blenden	to blind, dazzle
das	Blickfeld	field of vision
	blinken	gleam, shine, sparkle
	blinzeln	to blink, twinkle
	blitzen	to flash
das	Blockhaus ¨er	log-cabin
	bloß	bare, naked
die	Bodenkammer -n	attic
das	Bodenpersonal	ground crew (aero.)
der	Bogen -¨	arc, arch
der	Bordstein	kerb (-stone) = die Bordschwelle
der	Bote -n	messenger
die	Botschaft	message
die	Brandung	surf, breakers
sich	brechen	to refract
sich	breiten	to extend
	bremsen	to brake
der	Bremsweg	braking-distance (tech.)
das	Brückengeländer	parapet, bridge-railing
	brüllen	to roar
der	Brustkorb	chest, thorax
	brüten	to brood
	buchstäblich	literal
der	Bürgersteig -e	footpath
der	Bursche -n	lad, chap, fellow

C

die	Chaussee -n	highway, main road
das	Christkindlein	infant Jesus

D

	dämmern	to dawn
	dämpfen	to quench, put out
die	Dampfmaschine -n	steam engine
	darum	that is why
	darstellen	to portray, represent
das	Dasein	existence
	dauern	to last
die	Dauerstellung	permant position
	davonlaufen	to run away
der	Deckel	lid, cover
der	Degen	sword
die	Demut	humility
das	Denkvermögen	power of thought, thinking faculty
	dennoch	nevertheless
	denunzieren	to inform, denounce
	derb	compact, firm, coarse
	deuten	to interpret
	dicht	close
	dichten	to tighten, compose, invent
die	Dienstmagd -¨e	serving-girl, maidservant
die	Disposition	arrangement, disposition
	donnern	to thunder
sich	drängen	to throng
	dringen	to pierce, penetrate
	dringen auf + Acc.	to insist on
	drohen + Dat.	to threaten
	dröhnen	to sound, boom, drone
	drollig	odd, funny, droll
	drucken	to press, print
	ducken	to stoop
der	Duft -¨e	aroma, smell
	dulden	to bear, suffer
	dumpf	heavy
der	Dunst -¨e	vapour, haze, smoke
	durchaus	by all means, thoroughly
	durchdringen	to feel, penetrate
	durchqueren	to cross (through)
sich	durchschlagen	to battle, scrape one's way through
	durchsichtig	transparent
	durchwühlen	to rummage through

E

die	Ebene -n	plane, expanse, **level, plain**
	ebenfalls	likewise
	ebenmäßig	symmetrical
	ehern	brazen
	eher	rather
	ehrerbietig	respectful, deferential
die	Ehrfurcht	respect
der	Eifer	eagerness, keenness
die	Eigenart	individuality
	eigentümlich	peculiar
	einarbeiten	to train
	einbeziehen in + Acc.	to include, incorporate in
	einbrocken	to crumble into
	einbüßen	to lose, forfeit
der	Eindringling -e	intruder
	eindrücken	to squash, crush
der	Eingeborene -n	native, aborigine
	eingehüllt	enveloped

das	Eingeständnis -se	confession, avowal
das	Eingeweide	intestines
	eingraben	to engrave
	einheimisch	local, native
	einholen	to catch up with
sich	einlassen auf + Acc.	to engage in, meddle with
	einleuchten	to be evident
die	Einleitung	introduction, prelude
	einmachen	to preserve, pickle
sich	einreihen	to join ranks
die	Einrichtung	arrangement, setup, public utility, belongings, furnishings
	einritzen	to engrave, scratch in
der	Einsatz	effort, action
	einsetzen	to use, employ
die	Einsicht	insight
	einsilbig	taciturn, monotonous
die	Einstellung -en	attitude
	einstürmen auf + Acc.	to rush in upon
	einteilen	to divide
	eintreffen	to arrive
	einwandfrei	indisputable, definite
der	Einwurf -¨e	objection
die	Eisscholle -n	floating layer of ice
die	Elektrische -n	tram
das	Elend	suffering, misery
	elendiglich	wretched, miserable
	empfehlen	to recommend
das	Empfinden	feeling, sensation
	empfindlich	sensitive
	emporklettern	to climb upwards
	empört über + Acc.	indignant, upset at
	endgültig	final
	entfernt	distant
	enthalten	to contain
die	Entlassung	dismissal, discharge, sack
	entnehmen	to remove, infer
	entquellen	to gush forth
	entrinnen	to escape
die	Entrüstung	indignation
die	Entsagung	resignation, renunciation
	entsetzlich	horrifying
	entsprechen	to correspond
	entstehen	to arise, develop
die	Entwicklung -en	development
	entwurzeln	to uproot
sich	entziehen	to withdraw
	entzücken	to delight
	erachten	to consider
der	Erbeuter	capturer
	erblicken	to catch sight of
der	Erdboden	ground, soil
	erdenken	to invent
sich	ereignen	to occur
das	Ereignis -se	occurrence
	erfahren	to learn, get to know
	erfolgen	to ensue
	erfordern	to require, demand, need
	erfreuen	to please, delight
	erfreulich	pleasant, satisfying
	erfrieren	to freeze to death
	erfüllen	to fulfil
die	Ergebung	submission, resignation
sich	ergehen	to take a walk
	ergreifen	to seize
	ergriffen	struck, moved

	erhalten	to receive, preserve
	erhaschen	to snatch
sich	erheben	to rise up
die	Erheiterung	amusement, hilarity
sich	erholen	to recover
der	Erholungsurlaub	leave, sick-leave
sich	erkundigen nach	to enquire about
	erläutern	to explain
	erleben	to experience
das	Erlebnis -se	experience
	erlegen	to kill, slay
	erleichtern	to relieve
	erleuchten	to illuminate
	erlöschen	to go out, extinguish
	erlösen	to release, relieve, redeem
die	Ermahnung -en	admonition, exhortation
	ermattet	exhausted, fatigued
	ermorden	to murder
	ermüden	to tire, fatigue
sich	ernähren von	to live on/off, nourish oneself with
	erobern	to conquer
	erregt	excited, agitated
	erröten	to blush
	erstreben	to strive for
	erschallen	to sound
	erschauern	to tremble, shudder
	erschießen	to shoot (dead)
	erschlagen	to kill
	erschöpft	exhausted
	erschweren	to aggravate, complicate, render more difficult
	ersehnen	to long for
	ersetzen	to replace
	ersichtlich	evident, obvious
	erstarren	to stiffen, freeze, petrify
	ersteigen	ascend
	ertrinken	to drown
der	Erwachsene -n	adult, grown-up
	erwerben	to acquire, earn, gain
die	Erziehung	education
	erzielen	to attain, achieve, obtain
das	Etikett -e	label

F

die	Fahne -n	flag
das	Fahrgestell	undercarriage
das	Fahrnis -se	moveable property
das	Fahrwerk -e	undercarriage (aero.)
das	Fahrzeug -e	vehicle
der	Fall -¨e	case
die	Falle -n	trap
der	Fallschirm -e	parachute
	falten	to fold, crease
das	Farnkraut -¨er	fern
	faßlich	intelligible, understandable
die	Faust -¨e	fist
das	Federbett -en	featherbed (cf. eiderdown)
das	Fegefeuer	purgatory
	fehlen	to be absent, missing
der	Feierabend	time of rest, after-work leisure
das	Feigenblatt -¨er	fig-leaf
	feilbieten	to offer for/have on sale

der	Feind -e	enemy
	feindselig	hostile, malevolent
das	Fell	coat, pelt, fur
der	Fensterladen -¨	shutter
	ferner	further (-more)
der	Fesselballon -s	kite balloon
	fesseln	to fascinate
	festhalten an + Dat.	to stick to
sich	festklammern an + Dat.	to cling to ·
	festschnallen	to (firmly) buckle up
der	Festungsgrab (en)	moat
	feucht	damp
der	Feuerschlund -¨e	lit.: crater; fig.: cannon
der	Feuerwehrzug	fire-brigade convoy
	fieberhaft	feverish
der	First -e	ridge, top (roof)
die	Fläche -n	surface
	flattern	to flutter
der	Fleck -e	spot, blur, blemish
der	Flegel	lout, roughneck
	flehen	to implore
der	Fleiß	hard-work, industry
	flimmern	glitter, sparkle
	flink	agile, nimble, quick
die	Flinte -n	gun
der	Flintenlauf -¨e	gun-barrel
	flockig	flocky, fluffy
die	Flosse -n	fin
der	Flößer -	raftsman
der	Fluch - ¨e	curse
die	Flucht	flight, escape
der	Flüchtling -e	refugee
der	Flügel	nostril
das	Flugloch -¨er	hive-entrance
die	Flut -en	flood, high water, tide
	fluten	to swell, surge, flood
die	Folge -n	consequence
	folgsam	obedient
	foltern	to torture
	fortan	henceforth, from then on
	fortreißen	to carry away, draw along
der	Fortsatz	continuation
	fortsetzen	to continue
	fortschrittlich	progressive
	fortwährend	continuous
der	Frack - ¨e	tails, evening-dress
der	Frackschoß - ¨e	flap, tail (of dress coat)
	fragwürdig	doubtful, questionable
der	Freiherr -en	baron
	freisprechen	to speak without notes (off the cuff)
	freiwillig	voluntary
der	Fremdenverkehr	tourism
	friedlich = friedsam	peaceful
der	Frohsinn	cheerfulness
das	Frühjahr = r Frühling	
	frühzeitig	premature
das	Fuhrwerk -e	vehicle
das	Füllen	foal
	funken	to sparkle, flash = funkeln
der	Furunkel	carbuncle
der	Fußgänger	pedestrian
der	Fußpfad -e	path
das	Fußvolk	infantry; fig: plebeians

G

der	Gabelstiel -e	fork-handle
die	Gamasche -n	gaiter, legging
der	Gang -¨e	gait, course, corridor, passage
die	Garnitur -en	equipment, outfit, fittings
der	Gatte -n	husband
	geädert	veined
die	Gebärde -n	gesture, mien, movement
das	Gebell	barking
das	Gebet -e	prayer
das	Gebiet -e	region, area, sphere, field
	gebieterisch	imperious, overbearing
	geborgen	safe, secure, protected
das	Gebot -e	commandment
	gebraucht	used, second-hand
das	Gebrüll	roaring
die	Geburt -en	birth
der	Gedanke -n	thought
	gedeihen	to flourish
	gedenken + Gen.	to think of, remember
	gedrungen	stout, compact, solid
	geeignet	suitable
	gefährden	to endanger
das	Geflügel	poultry
das	Gefühl -e	feeling
	gefürchtet	feared
die	Gegend -en	region, area, district
	gegenseitig	mutual
der	Gegenstand -¨e	object, subject
der	Gegner	opponent, adversary
das	Gehör	hearing (ability)
	gehörig	suitable, necessary
	gehorchen	to obey
der	Gehsteig -e	footpath
	geisterhaft	ghostly, ghastly
die	Geistesgegenwart	presence of mind
der	Geistliche -n	clergyman
	gelassen	calm, serene
die	Gelegenheit -en	opportunity
	geleiten	to accompany,
	gellen	to yell, scream
	geloben	to vow, solemnly promise
	gemächlich	easy, comfortable
	gemeinsam	common, single
die	Gemeinschaft -en	community
das	Gemüt -er	mind, feeling, heart, soul
	genau	exact, precise
die	Generation -en	generation
die	Genüge	sufficiency,
	genügen	to suffice
	geraten in + Acc.	to get into
	gering	small, tiny
der	Geruch -¨e	smell, odour
	gesammelt	collected
	gesamt	total
	geschehen	to happen
die	Geschicklichkeit	skill
	geschlagen	beaten, defeated
das	Geschlecht -er	race
	geschmeidig	lithe, supple
das	Geschöpf -e	creature, creation, human being
	geschoren	shorn
das	Geschwätz	chatter, idle talk, gossip
der	Gesichtspunkt -e	point of view

die	Geselligkeit	social life	
die	Gestalt -en	shape, figure, form	
das	Geständnis -se	admission, confession	
	gestatten	to allow, permit	
	gestehen	to admit, confess	
	gestemmt	supported, propped	
das	Gestrüpp	bushes, undergrowth, scrub	
	getreu	faithful, trusty, loyal	
	getroffen	hit, wounded, killed	
	gewaltsam	violent, forcible, by force	
	gewinnen	to win	
das	Gewirr	confusion	
das	Gewissen	conscience	
der	Gewissensbiß -e	pang of conscience	
	gewissermassen	to a certain extent	
die	Gewißheit	certainty	
der	Gießbach	torrent	
das	Gitter	railing	
der	Glanz	glare, radiance	
	glänzen	to gleam, shine	
	glänzend	brilliant	
	glatt	smooth, fluent	
	glätten	to smooth (out)	
	glaubhaft	credible	
der	Gläubiger	creditor	
	gleichen + Dat.	to resemble	
	gleichlaufend	parallel	
	gleichstellen	to compare, equalize	
	gleichzeitig = zur gleichen Zeit	simultaneous	
	gleiten	to slide, glide	
das	Glied -er	limb	
die	Gliedmaßen	limbs	
	glitzern	to glisten, glitter, gleam	
	glücken	to succeed, turn out well	
	glücklicherweise	fortunately	
	glühen	to glow	
die	Glut	glow (-ing)	
die	Gosse -n	gutter	
die	Grafschaft -en	duchy	
sich	grämen	to worry, fret, grieve	
der	Granatbaum -¨e	pomegranate tree	
	gräßlich	horrible, ghastly	
	grell	garish	
	grenzen an + Dat.	to border on	
	greulich	atrocious, horrible, detestible	
	grimmig	furious, grim	
	grob	coarse, rough, clumsy, crude	
	grölen	to bawl, squawk, scream	
die	Grotte -n	grotto	
der	Grund -¨e	reason	
der	Grundsatz -¨e	principle, axiom, tenet	
das	Grünzeug	greens (vegetables)	
der	Gummi	rubber	
das	Gut -¨er	property, estate	
	gütig	kind	

H

	haarsträubend	hair-raising, frightening	
der	Habicht -e	hawk	
der	Hagel	**hail stones**	
	hager	thin, haggard, emaciated	
der	Hai -e	shark	
der	Halbkreis -e	semicircle	

	hallen	resound, reverberate	
	halten viel auf + Acc.	to think a lot of	
die	Haltung	carriage, bearing, attitude	
der	Hammel	wether, mutton	
	handeln	to act, bargain	
	händlerisch	like a trader, dealer (i.e. mercenary)	
das	Handwerk -e	craft, trade	
der	Handwerker	craftsman, tradesman	
	hartnäckig	obstinate	
der	Hauch -e	breath, touch	
sich	häufen	to accumulate, increase	
	häufig	frequent	
das	Haupt -¨er	head	
das	Hauptquartier -e	headquarters	
der	Hauptsatz -¨e	**main clause**	
der	Hausflur -e	entrance-hall	
die	Hausordnung	rules of the house	
der	Hausrat	household effects (furnishings)	
die	Haut -¨e	skin	
	heben	to raise	
das	Heer -e	army	
	heindnisch	pagan	
das	Heil	grace, happiness	
die	Heilung	cure	
die	Heimkehr	return home	
	heimlich	homely, secret	
die	Heimstätte -n	home (place of)	
	heiser	hoarse, husky	
	heiter	serene, cheerful	
die	Heizanlage	heating system	
die	Hemdbrust	shirt-front, dicky	
	heranstürmen	to advance (in attack)	
	herausrücken	to fork out/over	
	herausstrecken + Dat.	to poke out at	
	herbeieilen	to come hurrying up	
	herbeiziehen	to call in	
die	Herberge -n	refuge	
	herblicken hinter + Dat.	to look back along	
	hergeben	to hand over, yield	
	herfallen über + Acc.	to set upon	
	hernach	after this/that	
	herrisch	imperious, overbearing, lordly	
die	Herrschaft	power, command	
die	Herstellung	production	
	herumtollen	to romp, gambol about	
	hervorgucken	to stick out	
	hervorrufen	to cause	
die	Herzlichkeit	cordiality, affection	
	hetzen	to upset	
	heutzutage	nowadays	
	heutig	today's, of today	
die	Hingabe	devotion	
das	Hindernis -se	obstacle	
	hingeben	to give up, sacrifice	
	hingegen	on the other hand	
	hinkommen	to arrive at	
	hinweisen auf + Acc.	to point out/to	
	hinzufügen	to add	
das	Hirn -e	brain	
der	Hirte -n	shepherd	
	hobeln	to plane	
das	Hochamt	high mass	
	hochblicken	to look up	
die	Hochebene -n	plateau	
	hochnäsig	snobbish	

die	Höhle -n	cave, den
der	Hohlweg -e	narrow pass
der	Holzleisten	wooden frame, brace, support
die	Holzschranke -n	wooden railing
	horchen	to listen
das	Hufgetrampel	the stamping of hooves
die	Hüfte-n	hip
	hüllen	to cover, envelop
der	Hummer	lobster, crayfish

I

der	Igel	hedgehog
	immerdar	for ever, evermore
	immerzu	all the time, permanently
	imponieren + Dat.	to impress
	imstande sein	to be capable of, in a position to
die	Inbrunst	passion, intense feeling
der	Inder	Indian
	indessen	meanwhile
	ineinandergeschachtelt	enmeshed
	innewohnen	to be inherent in
der	Insasse -n	inmate
die	Inzucht	inbreeding
	irgendjemand	someone
	sich irren	to be mistaken

J

der	Jagdschutz	fighter escort (aero.)
	jäh	sudden, steep, abrupt
das	Jahrzehnt -e	decade
	jämmerlich	woeful, piteous
	jeglich	any (or all), every
	jenseitig	other-worldly
das	Jenseits	the next world
	johlen	to bawl, yell, howl

K

die	Kachel -n	tile
der	Käfig -e	cage
	kahl	bald, bare
	kahlköpfig	bald
der	Kalk	lime
der	Kamm -¨e	comb
die	Kammer -n	room, chamber
der	Kampf -¨e	fight, struggle, battle
	kapitulieren	to surrender
der	Karren	cart, barrow
die	Kaserne -n	barracks
das	Kasino -s	officer's mess (mil.)
der	Kasten -¨	box
die	Kehle -n	throat
	kehrtmachen	to about-face (mil.)
	keineswegs	by no means
	kernig	strong
der	Kessel	kettle
	keuchen	to pant
der	Kiesel	pebble
die	Kinderzucht	rearing children

das	Kinn -e	chin
die	Kiste -n	box, crate
die	Klage -n	complaint, lament
	klammern	to clamp
sich	klämmern an + Dat. = sich festhalten an + Dat.	
	klappern	to rattle
	klatschen	to clap
	klemmen	to jam, stick
	klimmen	to climb
das	Klingelzeichen	bell-signal
der	Kloß -¨e	dumpling, meat-ball, clod of earth
das	Kloster -¨	monastery, convent
die	Klugheit	intelligence, wisdom
	knallen	to bang, fire
der	Knauf -¨e	knob
der	Knebelbart -¨e	twisted moustache
der	Knecht -e	farm labourer
	kneifen	to squeeze, narrow
	knirschen	to grind, squeak
der	Knüttel	club
der	Köhler	charcoal burner
die	Kolbenweite	piston size (tech.)
das	Kolleg	(course of) lectures
das	Kollegium	staff
die	Kolonne -n	column, convoy (mil.)
	kopfschüttelnd	shaking one's hand
das	Kopftuch -¨er	pillow-case
die	Kost	food, fare, diet
	krabbeln	to crawl, creep, wriggle
	kraft + Gen.	by virtue of
die	Kraft -¨e	worker
der	Kraftwagen	motor vehicle
die	Krähe -n	crow
der	Kran -¨e/e	crane (tech.)
der	Kranich -e	crane (bird)
	kränken	to hurt
der	Krebs -e	crab
	kreiseln	to spin
	kreischen	to scream
	kriechen	to crawl
der	Kriegsgefangene -n	prisoner-of-war
der	Kristall -e	crystal
	kritisch	critical
	kritzeln	to scribble
	krönen	to crown
die	Krücke -n	scrutch
die	Kufe -n	seldge-runner
	kühn	bold, brave
die	Kulisse -n	backdrop, scenery
der	Kummer	grief, sorrow, affliction
	kümmerlich	wretched, miserable
sich	kümmern um	to care, worry about
die	Kürze	brevity
	kurzfristig	at short notice

L

	lächerlich	ridiculous
der	Lack	varnish, lacquer
die	Lage	situation
das	Lager	camp
	lagern	to encamp
	lähmen	to paralyze
der	Laib -e	loaf of bread

der	Laie -n	layman
der	Landsmann -leute	fellow countryman
die	Landstraße -n	highway
die	Langeweile	boredom
	längstvergangen	long-departed
die	Last	burden, weight, load
der	Lastwagen	truck
der	Laternenpfahl -¨e	lamp-post
das	Laub	leaves, foliage
	lauern	to lurk, be stealthy, lie in wait
	lauschen	to listen
	laut + Dat.	according to
das	Lazarett -e	military hospital
	lebendig	alive, living, lively, real
	leben von	to live on/off
	lechzen	to languish, be thirsty/parched
sich	legen	to subside
der	Lehm	loam, soil, clay
	leibhaftig	in person, personified
die	Leibschmerzen	stomach-ache
der	Leichnam -e	corpse
	leichthin	casually
	leiden unter/an + Dat.	to suffer from
das	Leiden	suffering, sorrow
das	Leintuch -¨er	linen, sheet
die	Leinwand	canvas
	leisten	to achieve, do
die	Leistung -en	work, efficiency, achievement
die	Leiter -n	ladder
die	Leitung -en	line (telephone)
	lenken	to steer, guide, turn
	leuchten	to shine
	leugnen	to deny, belie
die	Lieblingsbeschäftigung	favourite pastime
die	Lieferung -en	delivery
der	Lift = r Fahrstuhl =	lift
	liegenbleiben	to remain lying down, sink down (under a burden)
der	Linienrichter	linesman, boundary umpire
	locken	to lure, attract
der	Lockenwickler	curler
	lohen	to flare, blaze up
der	Lohn -¨e	wages, reward
	lohnen	to reward
	lösen	to release, dissolve, loosen
die	Lösung -en	solution
	lüften	to raise, lift
das	Luftschiff -e	airship
das	Luftschloß -¨er	castle in the air
der	Luftzug -¨e	draught
	lüstern	greedy, lustful
	Lüttich	Liège (Belgium)

M

	mager	thin
das	Mal -e	post, base (sport), sign, time
der	Mandelbaum -¨e	almond tree
die	Mandel -n	tonsil
der	Mangel an + Dat.	lack of
die	Mannschaft -en	crew, team
das	Märchen	folk tale
	marschieren	to march
	martern	to torment, torture
die	Masse -n	mass

	mäßig	moderate
der	Matrose -n	sailor
	matt	dull, lustreless
das	Mauerwerk	stonework, masonry
das	Maul -¨er	mouth (animal)
der	Maulwurf -¨e	mole
das	Mehl	flour
	meiden	to avoid
der	Meierhof -¨e	dairy farm
	meinen	to think, say
die	Meldung -en	message, announcement
die	Menge -n	quantity, crowd
die	Miene -n	expression (face)
	mimen	to mime, mimick
	minder	less
	mißrauchen	to abuse
	miß fallen	to displease, dislike
	miß lingen	to be **unsuccessful, fail**
	miß trauisch	suspicious
das	Mitleid	sympathy, pity
der	Mitmensch -en	fellow human (being)
	mitteilen	to communicate
das	Mittel	means, remedy
	mitunter = manchmal	
die	Mole -n	pier, jetty
das	Moor -e	bog, swamp, moor
das	Morgenrot	dawn
die	Morgentoilette	dressing activities
die	Möwe -n	seagull
die	Mühe	trouble, pains
	mühelos	effortless
	mühsam	with difficulty
	mühselig	arduous
die	Mühle -n	mill
die	Mundhöhle -n	mouth-cavity
die	Mündung -en	mouth (river)
die	Münze -n	coin, currency
	murmeln	to mumble, mutter
	murren	to grumble
	mürrisch	moody, sulky
	mutig	brave, spirited
die	Mütze -n	cap
das	Mysterium -ien	mystery

N

	nachdenken über + Acc.	to think about, reflect on
	nachdenklich	thoughtful, pensive
die	Nachfolge	imitation
	nachlassen	to recede, abate
	nachläßig	careless
	nachsinnen	to reflect
das	Nachtlokal -e	night-club
der	Nacken	nape of neck
	nagen	to gnaw, erode
	nahen + Dat.	to approach
	nähen	to sew, stitch
	näherrücken	to draw near, closer
	nähren	to nourish, feed
	nahrhaft	nourishing
	namentlich = besonders	
die	Narbe -n	scar
	naturgetreu	true-to-life
der	Nebensatz -¨e	

die	Neckerei	teasing
	neidisch	envious
	nicken	to nod
sich	niederlassen	to sit down
	nirgends	nowhere
die	Nische -n	niche
die	Not	need, distress
	nötig	necessary
	notwendig	necessary
die	Notwendigkeit	necessity
im	Nu	in a flash, trice

O

	oberflächlich	superficial
der	Obergefreite -n	corporal
der	Oberschenkel	thigh
	obliegen + Dat.	to apply oneself to
die	Öde -n	wasteland, desert, solitude
	offenkundig	obvious, notorious
	öffentlich	public
	offensichtlich = offenbar	
die	Ohnmacht	fainting-fit, powerlessness
das	Opfer	victim, sacrifice
	ordnungsmäßig	orderly, regular
der	Orkan -e	typhoon, hurricane

P

der	Pantoffel	slipper
der	Panzer	tank
	parieren	to rein in (horse)
die	Partei -en	party (political)
	passen	to fit, suit
	passend	suitable, right
	passieren = geschehen	
die	Passionszeit	Easter time
	passioniert	ardent, impassioned
	peinlich	painful, embarrassing, meticulous
die	Pelzmütze -n	fur-cap
	pendeln	to oscillate
die	Periode -n	period
	perlmuttern	mother-of-pearl
die	Persönlichkeit -en	personality
das	Pfarrhaus -¨er	vicarage
der	Pfeiler	pillar, buttress
der	Pfingstsonntag	Pentecost, Whitsunday
die	Pflege	care, attention
	Pflege üben	to nurse, cultivate
	pfeifen	to whistle
der	Pfeil -e	arrow
der	Pfiff -e	whistle
die	Pflicht -en	duty, responsibility, obligations
die	Pforte -n	gate
die	Pfote -n	paw
der	Philosoph -e	philosopher
die	Pirsch	stalking, hunting
	plädieren	to plead, argue
das	Plakat -e	poster
	plan	level, flat
die	Platte -n	top, surface
das	Plätteisen	smoothing iron

	platzen	to burst
	plump	awkward, coarse
	pochen	to knock, beat, pound
	polnisch	Polish
das	Polster	pillow, padding, stuffing
	poltern	to rattle
	prächtig	splendid, gorgeous, great
	prahlen	to boast, brag
	preisen	to praise
	preisgeben	to surrender, give up
das	Publikum	audience
die	Pupille -n	pupil (eye)

Q

die	Qual -en	torment
	quengeln	to whine, nag, grumble
	quer	oblique, diagonal

R

der	Rachen	mouth, jaws
	ragen	to tower, jut up
der	Randstein	kerbstone
der	Rang -¨e	rank
der	Ranzen	schoolbag
	rascheln	to rustle
	rasen	to race, tear, rip
der	Rasen	lawn
	rasend	furious
die	Rast	rest
der	Rat	advice
	raten	to advice, guess
der	Ratschlag -¨e	advice
das	Rätsel	riddle, puzzle
	ratlos	helpless, at a loss
	rauben	to rob
der	Raubritter	robber-knight
	rauh	rough, uneven
der	Rausch -¨e	drunkenness, frenzy
	recht haben	to be right
die	Rechtsverletzung	breaking the law, transgression
	rechteckig	at right-angles
	rechtfertigen	to justify
	rechtlich	honest, upright
	rechtzeitig	in time
	recken	to stretch
die	Rede -n	speech, talk
die	Rede sein von	to be mentioned
	redlich	honest, square
der	Redner	speaker, lecturer, orator
die	Rednerei	oratory
	regelmäßig	regular
	regelrecht	correct, proper
der	Regenbogen -¨	rainbow
die	Regensträhne -n	lit: strand of rain
das	Register	register, musical key
	reglos	immobile, motionless
die	Regung	emotion
	reichen	to last
der	Reichstag -e	parliament (in use until 1945)
der	Reifen	tyre
	reißen	to tug, tear, pull

der	Reklamespruch -¨e	advertising motto
die	Rekordhascherei	obsession with records
	rentabel	profitable, lucrative
das	Reservat -e	area, sector
die	Reue	regret
sich	richten nach	to adjust to
	richten an + Acc.	to direct at
	richterlich	judicial
	riechen nach	to smell of
der	Riemen	strap, belt
	rieseln	to trickle
das	Rind -er	beef cattle
das	Rindvieh	cattle (sl. idiot)
der	Rinnstein	sink, gutter, kerbstone
die	Rippe -n	rib
	röcheln	to rattle
der	Rocken	distaff
	roh	raw, rough
das	Rohr -e	tube
der	Römer	Roman
der	Rosenkranz -¨e	rosary
der	Ruck-e	jerk, jolt, pull
	rücksichtslos	unthinking, inconsiderate
	russisch	Russian
sich	rüsten zu	to arm, prepare for
die	Rute -n	rod, cane, switch
	rütteln	to shake, rock

S

	sachkundig	expert
die	Sage -n	saga, epic legend
	sammeln	to gather, collect
	satt	satiated, full
der	Satz -¨e	leap, bound, sentence
der	sausen	to rush, dash, whiz
	Schaden -¨	evil, wrong
der	Schal -e	shawl, scarf
	schallen	to sound, resound
der	Schall	sound
sich	schämen + Gen.	to be ashamed of
die	Schar -en	pack
	schärfen	to sharpen
	scharren	to scrape
	schätzen	to estimate, respect
	schaudern	to shudder, tremble, shiver
	schauerlich	dreadful, horrible
die	Schaufel -n	shovel
das	Schaufelrad -¨er	paddle-wheel
die	Scheibe -n	disc, target, slice
die	Scheide -n	scabbard
die	Scheu	fear, dread, timidity
	scheu	shy
	scheuern	to scrub
die	Schicht -en	layer, class
das	Schicksal	fate
sich	schieben	to push, shove
der	Schiedsrichter	umpire, referee
	schief	crooked
	schielen nach	to squint, leer at
die	Schiene -n	(tram-) line
	schier	pure, sheet, nearly
das	Schießgewehr -e	gun
	schildern	to depict, describe
das	Schilf -e	reed, rush, sedge

	schillern	to opalesce, iridesce
	schimmern	to gleam, glitter, shine
	schimpfen	to curse, swear
die	Schlachtbank	slaughter-house
	schlachten	to slaughter
das	Schlachtfeld -er	battle field
die	Schläfe -n	temple (head)
	schlaff	limp
der	Schlaganfall -¨e	stroke, apoplexy
der	Schläger	bat, racquet
	schlank	slender, slim
	schlappen	to flap, slap, hang loose
der	Schlauch -¨e	tube
die	Schläue	cunning, slyness
	schleichen	to creep, crawl
der	Schleier	veil
	schleppen	to drag, tug, pull
die	Schleuder -n	sling (-shot)
	schleudern	toss, hurl
	schlicht	simple
der	Schlitten	sleigh, sledge
die	Schlucht -en	gorge
	schlucken	to swallow
	schlummern	to slumber
	schmächtig	slender
	schmackhaft	tasteful, tasty
das	Schmalz	melted pig-fat, lard, dripping
	schmieden	to forge, fuse
sich	schminken	to put on make-up
	schmücken	to decorate
die	Schnalle -n	buckle
	schnauben	to snort, pant
die	Schneewächte -n	snowdrift
der	Schnitt -e	cut
das	Schnittmuster	pattern
	schnurgerade	straight (as a die)
der	Schornstein -e	chimney, funnel
die	Schräglage	sloping position
die	Schramme -n	stretch
der	Schrecken	terror
der	Schubkasten -¨	drawer, chest of drawers
	schuld an + Dat.	guilty of
das	Schulterblatt -¨er	shoulder-blade
der	Schuß -¨e	shot
der	Schuster	bootmaker, cobbler
	schütten	to pour
der	Schutt	rubbish, debris
der	Schützling -e	charge, ward
der	Schwaden	swath (mowed grass, etc.)
	schwanken	to waver, shake, hesitate
	schweben	to hover
	schweigsam	silent, taciturn
die	Schwelle -n	threshold, edge
	schwellen	to swell
die	Schwermut	melancholy, sadness
	schwerverdient	hard-earned
die	Schwinge -n	pinion, wing
	schwirren	to hum, buzz, whir
der	Seestern -e	starfish
	segen	to bless
die	Sehnsucht	longing
das	Seil	rope
	selbstverständlich	obvious, self-understood
	seufzen	to sigh
	sicher vor + Dat.	safe, secure from
	sicherlich	certainly, undoubtedly
die	Siedlung -en	settlement, colony, housing-estate

die	Silbe -n	syllable
der	Sinn -e	sense, meaning, reason
	sinnfällig	apparent, tangible
die	Sitzfläche -n	seat (anat.)
der	Sklave -n	slave
	sodann	then, afterwards
	soeben	just
	sogleich = sofort	
der	Söldner	mercenary, hireling
	sonderbar = seltsam = merkwürdig	
der	Sonderling -e	eccentric
das	Sonnenbad	sunbathing
	sorgfältig	careful, punctilious
	sorgsam	careful, cautious
die	Sozialabteilung	social welfare dept.
	spannen	to stretch, tighten, brace
die	Spannung	tension
die	Sparsamkeit	thriftiness
der	Speicher	storeroom, attic
	spenden	to bestow, contribute
	spiegeln	to mirrow, reflect
	spitz	pointed
die	Spitze -n	tip, point
der	Spitzname -n	nickname
	splittern	to splinter, shatter
	sprengen	to break up, dissolve, explode
	sproßen	to germinate, sprout
der	Spruch -¨e	saying
der	Sprung -¨e	split, flaw, leap
	spüren	to feel, scent, track
die	Spur -en	trace, tracks, sign, acent
die	Staatsbahn	state railways
der	Stab -¨e	stick
der	Stall -¨e	stable
das	Standbild -er	statue
	ständig	constant
	stapfen	to plod, stamp
	starren	to stare
die	Stätte -n	place
das	Stäubchen	speck, grain of dust
	stauben	to make dust
	steif	stiff
	steil	steep
die	Stellung -en	position, job
	stets = immer	
die	Steuer -n	tax
das	Steuerrad -¨er	steering wheel
das	Stichwort -¨er	catch-word
der	Stiefelknecht -e	boot-jack
der	Stifter	founder
	stimmen	to be correct, right
die	Stimmung -en	mood
	stocken	to stop, hesitate
das	Stockwerk -e	storey, floor
der	Stoff -e	material, substance
	stöhnen	to groan,
	stoßen	to strike
	stoßen auf + Acc.	to come, happen across/upon
	stottern	to stutter
	strafen	to punish
	straff	straight, erect, tight
der	Strafraum -¨e	penalty area
der	Strahl -en	ray, beam
die	Strapaze -n	ordeal, exertion, toil
der	Straßentyrann -e	bully
der	Strauch -¨er	bush, shrub
	streichen (aus)	to beat, pass, obliterate (from)

der	Streifen	strip, stripe
	streng	strict, severe, precise
	streuen	to strew, disperse
der	Strich -e	line
	stumm	silent, mute
	stumpf	insensitive
	Stundenkilometer	km. per hour
der	Stundenzeiger	hour-hand
	stürmen	to storm
der	Stürmer	forward (football)
	stürzen	to rush
	stützen	to support, prop, rest
	summen	to buzz, hum
der	Sumpf -¨e	swamp, marsh

T

	tadellos	flawless, perfect
der	Tannenforst -e	fir forest
	tasten nach	to feel, grope for
die	Tatsache -n	fact
	tatsächlich	in fact, actually
	tauchen	to dive
der	Taumel	reeling, giddiness, frenzy
der	Teig	dough
	teuflisch	devilish, diabolical
	toben	to rage, rave
	todkrank	dangerously ill
	tollkühn	foolhardy, rash
der	Tonfall	intonation
	tonlos	soundless
die	Tonne -n	tun, cask, keg, buoy, ton
die	Tonpfeife -n	clay-pipe
der	Topf -¨e	saucepan, pot
die	Topfpflanze -n	pot-plant
das	Tor -e	goal
	traben	to trot
die	Tracht -en	costume
die	Tragbahre -n	stretcher
	träge	idle, lazy, inert
die	Tragfläche -n	wing (aero.)
die	Träne -n	tear
die	Traube -n	grape, bunch of g.
	trauen + Dat.	to trust
sich	trauen	to dare
	trauern	to mourn
	traulich	familiar, cosy, intimate
der	Trecker = r Traktor	
	treffen	to hit
	treffen auf + Acc.	to come across
	treiben	to drift, float, drive
das	Treiben	activity
die	Trennung	separation
die	Tribüne -n	grandstand
der	Trieb -e	drive, instinct
	triefen	to drip
der	Trinkspruch -¨e	toast
die	Trockenzeit -en	drought
die	Trommel -n	drum
der	Tropfstein -e	stalactite
	trösten	to console, comfort
der	Trotz	defiance, stubborness
	trüb	dull, dim
der	Trubel	bustle, racket, disturbance
die	Tugend -en	virtue
	tummeln	to romp, bustle

	turnerisch	athletic, gymanstic
der	Turnverein -e	fitness club

U

	üben	to exercise, practise
sich	überbieten	to exceed, outdo oneself
	überdies	besides, moreover
der	Überfluß	abandance, superfluity
	überflüssig	superfluous, unnecessary
der	Übergang -¨e	transition
	übergießen	to pour on/over
	mit Licht übergossen	bathed in light
	überlassen	to leave to
	überlegen	superior
	überragen	to supass, outstrip, outtop
	überreden	to persuade
	übertönen	to drown out
	übertreten in + Acc.	to merge with
	überwaltigend	overpowering
	überwechseln in + Acc.	to change to
	überzeugend	convincing
die	Überzeugung	conviction
	üblich	normal, usual
	übrigbleiben	to remain over, survive
	übrigens	in any case, anyhow
	umarmen	to embrace
	umgeben	to surround
	umgekehrt	vice versa
	umgestürzt	upset, turned over
	umklammern	to clasp, cling to
	umkommen	to die
	umleiten	to divert
	umranken	to twine around
	umreißen	to pull down, outline
der	Umriß -e	outline, contour
	umschnüren	to lace around
der	Umstand -¨e	circumstance
	umständlich	involved, fussy, laborious
	umstellen	to rearrange, adapt
	unabhängig	independent
die	Unachtsamkeit	carelessness, heedlessness
	unaufhaltsam	continuous
	unaufhörlich	incessant
	unausstehlich	unbearable
	unbeholfen	clumsy, awkward
	unbekümmert	carefree
	unbestreitbar	incontestable, indisputable
	undurchdringlich	impenetrable
	unentbehrlich	indispensable
	unentschlossen	irresolute
	unerhört	incredible
	unerschöpflich	inexhaustible
	unersetzlich	irreplaceable
	ungeachtet + Gen.	notwithstanding, in spite of
	ungeduldig	impatient
	ungefüge	misshapen, monstrous
	ungehalten	angry
	ungewohnt	unwonted, unaccustomed
	ungleichmäßig	uneven, irregular
der	Unglücksfall -¨e	accident, calamity
	unheimlich	uncanny, sinister
	unlauter	impure, dishonest, unfair
	unmerklich	imperceptible
	unmittelbar	immediate, direct
	unsäglich	inexpressible

	unsichtbar	invisible
	unsinnig	senseless
	unterbrechen	to interrupt
	unterbringen	to place, fit into, store
	unterdessen	meanwhile
	unterdrücken	to repress, suppress
	untergehen	to set (sun), decline
die	Unterhaltung	amusement, entertainment
	unterirdisch	sub-terranean
der	Unteroffizier -e	N.C.O., corporal
die	Unterredung -en	conference, conversation, inter-view
der	Untersatz -¨e	base
sich	unterscheiden	to differ
	untersuchen	to examine
	untertauchen	to go underground
	unterwerfen	to subjugate
	unüberwindlich	insuperable
	ununterbrochen	repeatedly, continuously, without interruption
	unveränderlich	immutable
	unverlangt	unsolicited
	unverlöschlich	inerasible
	unvermutet	unexpected
	unverschämt	impudent, insolent
	unversöhnlich	irreconcilable, implacable
	unvorstellbar	unimaginable
	unwahrhaftig	untruthful, insincere
der	Unwille -n	reluctance, indignation
der	Urlaub	leave, holidays, furlough

V

sich	verabschieden	to depart, take one's leave
	verächtlich	contemptuous, despicable
	verantwortlich	responsible
	veräußern	to sell, alienate
der	Verband -¨e	union, association, bandage, formation (aero.)
	verbannen	to banish
	verbeult	dented
die	Verbeugung -en	bow
	verblüfft	startled, taken aback
	verborgen	hidden, concealed
der	Verbraucher	consumer
der	Verbrecher	criminal
	verbreiten	to spread
	verdanken + Dat.	to owe to
das	Verdeck —e	top, hood, covering
	verdienen	to earn, deserve
sich	verdingen an + Acc.	to bind, hire oneself to
	verdrängen	to displace, push
	verdorrt	dried out, dessicated
	verdrießen	to grieve, vex, annoy, exasperate
	verdursten	to die of thirst
	verdutzt	disconcerted, puzzled, taken aback
	verehren	to worship, adore
	vereinzelt	isolated, single
	verenden	to die, perish
das	Verfahren	trial, court proceedings
sich	verfangen in/Dat.	to entangle oneself in
	verfolgen	to follow, persecute
die	Vergangenheit	past
	vergeblich	in vain
	vergehen	to pass away, die

das	Vergehen	fault, sin
	vergnügt	happy, glad, lively
	vergraben	to bury, hide underground
sich	verhalten = sich beneh-men	to behave
	verhindern	to prevent
	verklärt	transfigured
	verklingen	to die away
	verlachen	to laugh off
	verlagern	to shift, displace
	verlangen	to demand, require
	verlängern	to extend
die	Verlassenheit	solitude, abandonment
	verlegen	embarrassed, to postpone
	verlernen	to unlearn, forget
	verletzt	injured
	verleugnen	to deny, renounce
	verlötet	soldered
	verlumpt	dissipated, ruined
das	Vermächtnis =se	legacy, bequest, will
	vermeintlich	alleged
	vermieten	to rent, let
	vermitteln	to mediate, arrange, bring about, convey
	vermischen	to mix, blend
	vermissen	to miss
	vermöge + Gen.	by means, virtue of
	vermuten	to suppose, presume
	vernehmen	to perceive, hear
	vernichten	to destroy
	verordnen	to prescribe
	verquollen	bloated
	verraten	to betray
	verrecken	to die, perish
	verreisen	to journey away
das	Versatzamt	pawnshop
	versäumen	to miss
	verschicken	to deport
	verschenken	to give away
	verschieden	different
	verschmälern	to narrow, diminish, constrict
	verschneit	snowed under/up
	verschreiben	to sign away
	verschuldet	encumbered
	verschwommen	blurred, indistinct
	versehen mit	provided, furnished with
	versetzen	to reply, promote (school)
	versichern	to assure
die	Versorgung	care, attention
	versperren	to barr, block (off)
	verspritzen	to squirt, spill
	verständig	intelligent, wise, sensible
	verständlicherweise	understandably
das	Verständnis	understanding, appreciation
	verstecken	to hide
der	Versuch -e	experiment, test, trial
die	Versuchung	temptation
	verteidigen	to defend
das	Vertrauen	trust, confidence, faith
	vertraulich	confidential
der	Vertreter	representative
	vertrocknen	to dry up, dessicate
	verunglücken	to meet with an accident
	verunreinigen	to soil
	verunzieren	to mar, spoil
	verwahren	to take care of, protect
der	Verwaltungsbeamte -n	civil servant

	verwandeln	to transform, change
	verwegen	audacious, daring
	verwehen	to blow away, drift
	verwenden	to use
die	Verwertung	use, employment
	verwirken	to forfeit, incur (punishment)
	verwirren	to confuse
	verworren	confused, intricate
	verwunden	to wound
	verzaubert	enchanted, bewitched, charming
	verzehren	to devour
	verzeihen + Dat.	to forgive, pardon
	verzerren	to distort
	verzichten auf + Acc.	to forego, do without
die	Verzweiflung	desperation
der	Vesuv	Mt. Vesuvius
die	Viehseuche -n	cattle disease
die	Volksgemeinschaft	national community
	volkstümlich	national, popular
	vollbärtig	full-bearded
	vollenden	to complete
	vollführen	to carry out, execute
	vollgepropft	crammed, packed, crowded
	vollkommen	perfect
	vollzählig	in full numbers
sich	vollziehen	to occur
	vorangehen	to precede
die	Voraussetzung -en	pre-condition
	vorbeigehen an + Dat.	to pass (by)
	vorbeiziehen	to move past
	vorbereiten	to prepare
die	Vorbereitung -en	preparation, preliminary
das	Vorbild -er	model, exemplar, paragon
	vorerst	first of all
der	Vorfall -¨e	incident
der	Vorfahr -en	ancestor
der	Vorgänger	predecessor
der	Vorgesetzte -n	superior
	vorkommen	to occur
	vorliebnehmen	to be satisfied with, to put up with
	vornehm	distinguished, fashionable, genteel
	vorschieben	to protrude
der	Vorschlag -¨e	suggestion
	vorsehen	to mark out, assign, choose
die	Vorsehung	providence
die	Vorsicht	caution
der	Vorsteher	pointer (dog)
sich	vorstellen	to imagine
die	Vorstellung	idea, notion
	vorstoßen	to advance, push forward
der	Vortrag -¨e	lecture, talk
	vortragen	perform
	vortrefflich	excellent, splendid
	vorüber = vorbei	
	vorwalten	to prevail, predominate
	vorzeitig	premature, precocious

W

die	Waage -n	scales
	wachsam	watchful, alert
	wächsern	waxen
der	Wachsstock -¨e	wax-candle

88

der	Wachstum	growth
	wackeln	to wobble
	wacker	brave, gallant
	wacklig	wobbly
	wagen	to dare
sich	wähnen	to imagine, suppose
	wahren	to preserve, look after
	wahrhaft	truly
	wahrnehmen	to perceive
	wälzen	to roll
der	Wams -˝e	jacket
die	Wasserrinne -n	gutter, water-channel
	waten	to wade
	wedeln	to wag
	wehtun	to hurt, be sore
	weichen	to yield, give in
die	Weide -n	willow (-tree)
	weitgehend	to a large extent
	welken	to wither, die
der	Wellblech	corrugated iron
die	Weltausstellung -en	world-fair/exhibition
	weltfremd	solitary, secluded, ignorant
die	Wendung -en	turn, expression, phrase
die	Wertsache -n	valuable
	wertvoll	valuable
das	Wesen	being, essence, nature, creature
	wesentlich	essential
	wettmachen	to make up for
	widerspiegeln	to reflect
	widerstehen + Dat.	to resist
	widmen + Dat.	to devote to
die	Wiederherstellung	restoration
die	Wildnis -se	wilderness
	winden	to roll, bind
der	Windhund -e	greyhound
die	Windschutzscheibe -n	windscreen (car)
der	Winkel	corner, angle
	winken	to wave, signal, wink
	winzig	tiny
	wirbeln von	to whirl, spin with
die	Wirkung -en	effect
die	Wirtschaft	farm
die	Wissenschaft	knowledge, science
	wittern	to scent
der	Witz -e	joke
die	Woge -n	billow
das	Wohl	welfare
	wohlgebildet	well-formed, -shapen
	wohlverdient	well-earned
sich	wölben	to arch (over)
der	Wolkenkratzer	sky-scraper
der	Wortlaut	words, wording
	wuchernd	rank, exuberant
die	Wucht	weight, force
	wuchtig	heavy, powerful
	wühlen	to dig, burrow, tear
sich	wühlen	to wallow
die	Wunde -n	wound
das	Wunder	miracle
die	Würde	dignity
	würdig	worthy, dignified
der	Wurf -˝e	throw, blow
	würgen	to choke
der	Wurstzipfel	end/tip of sausage
	würzen	to spice
die	Wüste -n	desert
	wütend	furious

Z

	zaghaft	timid, faint-hearted
	zäh	tough
	zählen (zu)	to count/be counted (amongst)
	zahllos	innumerable
der	Zank	quarrel, row
	zappeln	to struggle, flounder, toss
der	Zauber	magic, enchantment, charm
der	Zaun -˝e	fence
	zehren an + Dat.	to live/feed on
das	Zeichen	sign, signal
der	Zeitvertreib -e	pastime
die	Zelle -n	cell
das	Zelt -e	tent
	zerbersten	to burst
	zerfließen	to dissolve
	zerschmettern	to smash, shatter
	zerschneiden	to dissect, cut up
	zerstreut	strewn
der	Zettel	note
das	Zeug	stuff
das	Zeugnis -se	report (school-)
das	Ziegeldach -˝er	tiled roof
	ziehen	to pull, draw, move, march
das	Ziel -e	goal, destination
	zielen auf + Acc.	to aim at
	zieren	to decorate
	zierlich	delicate, fine
der	Zipfel	tip, point, corner
	zittrig	shaky
der	Zivilist -en	civilian
	zögern	to hesitate
	züchtigen	to punish, chastize
	zufrieden	content, satisfied
sich	zufriedengeben	to be content
der	Zug -˝e	train, procession, draught
	zugeben	to admit
	zugehen auf + Acc.	to go up to
	zugleich	both, at the same time
	zugunsten + Gen.	in favour of, for the benefit of
	zunächst	(at) first
die	Zungenwurzel -n	base, root of tongue
	zurechtschneiden	to make up, cut to order
	zurückbefördern	to convey back
	zurückhaltend	reserved, shy
	zurücklegen	to travel, move
	zurückprallen	to rebound, recoil
der	Zuruf -e	call, shout, acclamation
	zusammenbrechen	to collapse
	zusammenflicken	to patch up
der	Zusammenhang -˝e	relationship, connection
der	Zuschauer	spectator
	zustandekommen	to occur, arise
die	Zustimmung	assent, agreement, consent
sich	zutragen = sich ereignen = to occur
	zuverlässig	reliable, dependable
	zuweilen = manchmal
	zuzeiten	at times
	zwängen	to force, press
	zwar	to be sure, indeed, in fact
	zwecklos	useless
	zweckmäßig	suitable, fit, expedient
	zweifeln an + Dat.	to doubt in
der	Zwicker	pince-nez
der	Zwieback	biscuit, rusk
der	Zwilling -e	twin
die	Zwistigkeit -en	discord, quarrel
der	Zylinder	top-hat

Acknowledgements

The Publisher wishes to thank the following for permission to use copyright material:

Feuilletondienst im Rowohlt Verlag, Hamburg for 'Die Küchenuhr' from *Das Gesamtwerk* (1949) by Wolfgang Borchert, 'Der Verkehrsunfall' from *Der Mann Ohne Eigenschaften* (1952) by Robert Musil and 'Ratschläge für einen schlechten Redner' from *Gesammelte Werke*, Band III (1960) by Kurt Tucholsky; Niedieck Linder A.G., Zurich for 'Am Dom zu Naumburg' from *Hamlet oder dei lange Nacht nimmt ein Ende* © 1977 by Alfred Döblin; Verlag Lambert Schneider, Heidelberg for 'Aus dem Tagebuch' by Anne Frank (1969) 9 Auflage; Eugen Diederrichs Verlag, Köln for 'Flucht aus Ostpreussen' from *Namen dei keiner mehr nennt* by Marion Gräfin Dönhoff; Ensslin & Laiblin Verlag GmbH & Co. K.G., Reutlingen for 'Die Welt im Buch' from *Begegnungen mit dem Buch in der Jugend* (1963) by Gerd Gaiser; Hermann Luchterhand Verlag GmbH & Co. K.G. © 1961, for 'Der Ritterkreuztrager' from *Katz und Maus* by Günter Grass; Safari-Verlag, Berlin for 'Im toten Herzen Australiens' from *Der fünfte Kontinent* by Heinrich Hauser; Hans Hass for 'Der Rettende Schrei'; Societäts Verlag, Frankfurt for 'Die Mysterien des Kricket' from *Lebensgut* by Rudolf Kirchner; Suhrkamp Verlag, Frankfurt for 'Bauschan' from *Die Erzahlungen* (1966) by Thomas Mann, 'Das Fußballspiel' from *Das Grosse Netz* by Hermann Kasack, 'Der Wolf' from *Bilderbuch* by Herman Hesse (1958), 'Vater und Mutter' from *Gesammelte Dichtungen*, Band I (1957) by Hermann Hesse, 'Santa Mergherita' from *Tagebuch, 1946- 1949* (1950) by Max Frisch, 'Eine Grossere Anschaffung' from *Lieblose Legenden* (1963) by Wolfgang Hildesheimer, 'Ankunft in New York' from *Amerikafahrt* (Henry Goverts Verlag, 1959) by Wolfgang Koeppen; Atrium Verlag A.G., Zurich for 'Ein Unfall' from *Als ich ein Kleiner Junge War* by Erich Kästner; Engelbert Verlag GmbH, Balve for 'Die Drehorgel' by Hans Peter Richter; L. Staakmaan Balve for 'Die Drehorgel' by Hans Peter Richter; L. Staakmann Verlag, München for 'Meine Mutter' by Peter Rosegger; Verlang Kiepenheuer & Witsch, Köln for 'Der Alte Kellner' from *Werke in drei Bänden* (1956) by Joseph Roth and 'Undines gewaltiger Vater' from *Menschen am Rhein* by Heinrich Böll; Ruth Rehmann for 'Entlassung' from *Illusionen*; C.H. Beck'Sche, Verlagsbuchhandlung, München for 'Das Gewissen' from *Aus meiner Kindheit und Jugend- zeit* by Albert Schweitzer; R. Piper & Co. Verlag, München for 'Auf der Elektrischen' from *Gesammelte Werke* (1968) by Ludwig Thoma; Otto Muller Verlag for 'Der Schulrat kommt' from *Fröhliche Armut* by Karl Heinrich Waggerl; Verlagsgruppe Langen-Müller/Herbig for 'Der Kranich' from *Wälder und Menschen* by Ernst Wiecherts.